Vitus B. Dröscher

»... und der Wal schleuderte Jona an Land«

Die Tierwunder der Bibel naturwissenschaftlich erklärt

Rasch und Röhring Verlag

Hamburg—Zürich

CIP-Kurztitelaufnahme der Deutschen Bibliothek

Dröscher, Vitus B.:
. . . und der Wal schleuderte Jona an Land : d. Tierwunder d. Bibel naturwiss. erkl. / Vitus B. Dröscher. — 1. Aufl. — Hamburg ; Zürich
Rasch und Röhring, 1987
ISBN 3-89136-154-8

Inhalt

Für Magdalene Oppermann
in Dankbarkeit

Die Geschichte
einer faszinierenden Entdeckung

Recht ungläubig betrachten sogar viele Gläubige jene
Erzählungen in der Bibel, in denen von Tierwundern
die Rede ist. Ein großer Wal soll den Propheten Jona verschlungen
und wieder an Land geschleudert haben. Wilde Tiere
sollen Daniel in der Löwengrube verschont, seine
Feinde aber zerrissen haben. Höchst skeptisch lesen
wir von Petri Fischzug. Können jemals Hornissen Josuas Krieger bei der Landnahme zum Sieg geführt haben? Kann Honig aus kahlen Wüstenfelsen fließen?
Und wer betrachtet nicht die Plagen Ägyptens als
fromme Legenden? Einen Wahrheitsgehalt sehen wir
eigentlich nur in der Erzählung von den Heuschrekken, die das Land kahlfraßen. Doch was ist mit den
Wassern des Nil, das sich in Blut verwandelte? Was mit
den Milliardenmassen von Fröschen, die sogar in die
Zimmer, Backtröge und Betten hüpften? Kann sich
Staub in Stechmücken verwandeln? Gibt es überhaupt
einleuchtende Erklärungen für die Wachtel- und Mannawunder?
Naturwissenschaftler, vor allem Biologen, standen seit
Jahrhunderten mit dem Wahrheitsgehalt der Heiligen
Schrift auf dem Kriegsfuß. Und nun sollen angeblich

gerade sie laut Untertitel des Buches die Tierwunder der Bibel enträtselt haben?

Die erste Idee zu diesem Buch kam mir vor zwölf Jahren, als ich ein Lebensbild über die Wachteln schreiben sollte. Ich griff auf damals allerneueste Forschungsergebnisse zurück und entdeckte mit einemmal, daß die wundersamen Berichte im zweiten Buch Mose, Exodus, in allen Einzelheiten biologischen Gesetzmäßigkeiten folgen.

Sie erinnern sich vielleicht: In der ersten Erzählung fallen den hungernden Kindern Israel beim Marsch durch die Wüste Sinai wahre Wachtelmassen wie gebratene Tauben in den Schoß und erretten sie vor dem Tode. Im zweiten Bericht aber rebelliert das Volk gegen den Herrn. Als in diesem Augenblick wiederum unübersehbare Mengen dieser Delikateßvögel ins Lager fallen, straft Gott die Menschen, indem er viele von ihnen nach dem Genuß des Wachtelfleisches unter starken Vergiftungserscheinungen sterben läßt.

Jahrhundertelang standen Biologen vor diesem Phänomen mit verständnislosem Achselzucken. Neueste Forschungsergebnisse aus jüngster Zeit haben den biblischen Bericht jedoch in allen Details wunderbar bestätigt.

Hat die Bibel also nicht nur in historischen, sondern auch in zoologischen Dingen recht? Oder war dies nur ein Ausnahmefall?

Ich bekam Angst vor diesem brisanten Thema.

Da trat, vor etwa elf Jahren, ein zweites Schlüsselerlebnis ein. Der Wissenschaftsredakteur einer Zeitschrift

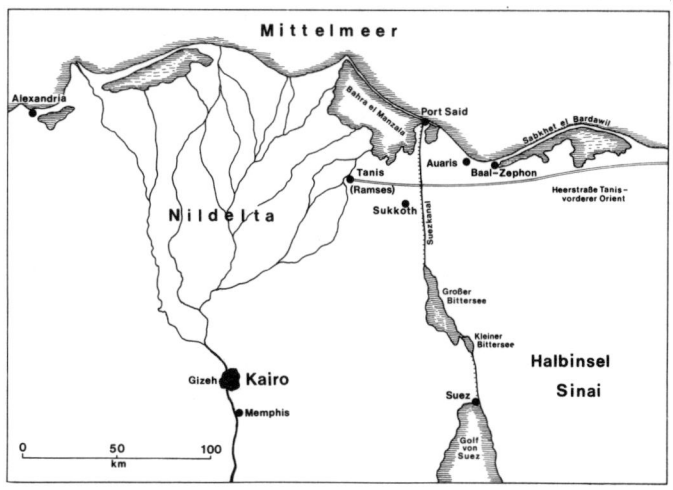

wollte von mir wissen, ob Adler tatsächlich ihre Jungen auf »Adlerflügeln« tragen, um sie vor dem Sturz in den Abgrund zu schützen, wie es in der Bibel beschrieben wird.

Ich wälzte Berge von Fachliteratur. Ergebnis: negativ. Ich telefonierte mit namhaften Vogelforschern und Greifvogelspezialisten. Ergebnis: negativ.

Aber die Wißbegierde, Neugier, Aufmerksamkeit, der »Löwe« war bei den Ornithologen geweckt worden. Schon im folgenden Frühjahr berichtete mir einer: »Was die Bibel beschreibt, stimmt. Ich habe es gerade entdeckt, zwar nicht beim Adler, aber bei einem anderen Greifvogel: beim Turmfalken.«

Damit war der Damm gebrochen. Aus Österreich meldete ein Vogelwart: »Wenn man schon morgens früh um vier Uhr in Horstnähe Posten bezieht, kann man

Augenzeuge des in der Bibel berichteten Geschehens werden. Die Bibel hat recht.« Wenige Tage später erreichte mich von den Rocky Mountains im Westen Amerikas die gleiche Nachricht.

So schöpfte ich wieder Mut, das Thema weiterzuverfolgen.

Hatten die Zweifel ungläubiger Thomasse unter den Naturwissenschaftlern am Wahrheitsgehalt biblischer Tiererzählungen ihre Ursache vielleicht nur darin, daß der Grad ihres Wissens noch nicht die Vollendung erreicht hatte, die nötig war, neben der Naturerkenntnis auch zur Gotterkenntnis zu gelangen?

Nun ging es Schlag auf Schlag. Welches biblische Tierwunder ich auch immer untersuchte und mit den modernsten Forschungsergebnissen verglich — ich kam aus dem Staunen nicht mehr heraus. Es bewahrheitete sich alles, und zwar ohne jede Ausnahme und bis ins kleinste Detail.

Schließlich wagte ich mich sogar an ausgesprochen heikle Themen heran: etwa an die Schöpfungsgeschichte, die seit hundert Jahren unter dem Beschuß der Darwinisten steht, sowie an das Problem des Friedensreiches — ein gerade heute hochaktuelles Thema.

So gedieh das Buch nicht nur zu einem biologischen Gegenstück zu Werner Kellers historischer Betrachtung »Und die Bibel hat doch recht«, sondern darüber hinaus auch zu einer völlig neuen Standortbestimmung in der Auseinandersetzung zwischen Kirche und Naturwissenschaften.

Wenn es allerneueste Forschungsergebnisse sind, die

12

den biologischen Wahrheitsgehalt der Heiligen Schrift bestätigen, dann kann der ungläubige Zweifel in früheren Zeiten nur ein Irrtum gewesen sein, ein Jahrtausendirrtum allerdings, der Kirche und Labor in feindliche Lager gespalten hat — völlig unnötigerweise. Somit wird es also höchste Zeit, dieses Kriegsbeil endlich zu begraben.

Andererseits übertrug sich die Feindschaft der Kirche gegen die Naturwissenschaften auch auf die Objekte ihrer Forschung und führte zu einer Mißachtung von Natur und Tier — und zwar paradoxerweise ungeachtet der Tatsache, daß Tiere und Pflanzen wie der Mensch und das Weltall eine Schöpfung Gottes sind.

So steuert die Kirche noch heute leider herzlich wenig zum Schutz der Natur und unserer Umwelt bei, von einigen Ausnahmen abgesehen. Auch diese Hemmnisse auszuräumen soll ein Ziel meines neuen Buches sein.

Lichterzauber der Glühwürmchen
Der brennende Dornbusch

»Und Mose hob den Stab und schlug ins Wasser, das im Nil war, vor dem Pharao und seinen Großen. Und alles Wasser im Strom wurde in Blut verwandelt. Und die Fische im Strom starben, und der Strom wurde stinkend, so daß die Ägypter das Wasser aus dem Nil nicht trinken konnten; und es war Blut in ganz Ägyptenland . . . selbst in den hölzernen und steinernen Gefäßen.«

Mit dieser Umweltkatastrophe gigantischen Ausmaßes beginnt die erste der zehn alttestamentarischen Plagen Ägyptens. Der Pharao will sein beachtliches Reservoir an Fremdarbeitern, das einst in sein Land geflohene Volk Israel, nicht wieder ziehen lassen. So setzt der Herr Zeichen und Wunder, um den Pharao zu zwingen, den Kindern Israel die Freiheit zu geben. Wieso diese Feindseligkeit des Königs? Hatte doch ein anderer lange Zeit vor ihm die Juden in seinem Land gastfreundlich aufgenommen, als im Jordanland viele Jahre lang eine so große Hungersnot herrschte, daß die meisten dort gebliebenen Menschen elend umgekommen waren. Ganze Volksstämme sollen damals ausgestorben sein, darunter auch jene Juden, die nicht nach Ägypten geflohen waren. Am Nil aber ging es den

Flüchtlingen zunächst sehr gut. Hatte der Pharao seinerzeit nicht sogar Jakobs Sohn Joseph zum Wesir und zu einer Art Getreidevorrats- und Verteilungsminister erhoben? Und nun, zu Moses' Zeiten, diese Unterdrückung und Versklavung! Weshalb?

Es gilt heute als gesichert, daß Joseph während der Zweiten Zwischenzeit, des etwa zweihundertjährigen Interregnums, welches das Mittlere vom Neuen Reich trennt, nach Ägypten kam. Damals herrschte dort ein sogenannter Hyksos-Pharao, also kein Ägypter, sondern ein Eroberer, ein Fremdherrscher und Angehöriger eines anderen Volkes. Die genaue Herkunft dieses Hyksos-Volkes ist den Geschichtswissenschaftlern noch unklar. Sie müssen aber aus Kleinasien oder dem Vorderen Orient eingewandert sein, und sie können durchaus Freunde der Juden gewesen sein.

Die ägyptische Hauptstadt der Hyksos war Auaris. Sie lag zwanzig Kilometer östlich des heutigen Suezkanals an der Karawanenstraße, die längs des Mittelmeeres nach Palästina führte, und war nur drei Kilometer von der Küste des Mittelmeeres entfernt. Während der Hyksos-Pharao die Ägypter knechtete, behandelte er die Kinder Israel als willkommene und zuverlässige Hilfskräfte gut. Diese Situation änderte sich um das Jahr 1552 v. Chr. abrupt. Der Ägypter Ahmose zog mit einem Heer von Karnak (Theben) nilabwärts, eroberte Auaris, vertrieb die Hyksos und begründete das Neue Reich mit der 18. Dynastie, die so glanzvolle Namen wie Amenophis, Thutmosis, Hatschepsut, Echnaton, Nofretete und Tut-ench-amun aufzuweisen hatte.

15

Mit einemmal wurden die jüdischen Siedler und Fremdarbeiter als »asiatischer Aussatz«, als Kollaborateure, behandelt, also als jemand, der mit dem ehemaligen Feind zusammenarbeitet. Unterdrückung, Verfolgung und Zwangsarbeit wurden so zum täglichen Los der Juden. Die Hauptstadt, und das ist für die späteren Ereignisse wichtig, wurde nach Tanis verlegt. In der Bibel wird sie Zoan und auch Ramses genannt. Sie lag etwa vierzig Kilometer westlich des heutigen Suezkanals im nördlichen Teil des Nildeltas beim derzeitigen Dorf San el Hagar am Rande ausgedehnter Sümpfe im Nordosten und der Wüste im Osten. Eine Hauptstadt zu verlegen bedeutete damals kein sehr großes Problem, waren doch sogar die Königspaläste und Verwaltungsgebäude aus Nilschlamm-Ziegeln errichtet und so vergänglich, daß sich jeder Pharao ohnehin eigene Bauten schaffen ließ. Aus Stein, also für die Ewigkeit gebaut, waren nur die Grabmäler: die Pyramiden, Felsengräber und Tempel in den religiösen Zentren. Und diese lagen sehr weit entfernt, etwa bei Memphis, südlich und westlich des heutigen Kairo, und noch einmal 570 Kilometer weiter südlich bei Theben, dem heutigen Luxor und Karnak.
Von dem Glanz und der Herrlichkeit dieser Zeit kannten die Kinder Israel indessen nur die Schattenseiten der Knechtschaft. Sie hatten die Hauptlast beim Bau der neuen Metropole zu tragen.
Wer zu Moses' Zeiten Pharao war, kann die Geschichtsforschung nicht eindeutig bestimmen. Die Bibel nennt ihn niemals beim Namen. Es gibt aber An-

haltspunkte, die für Thutmosis III. sprechen. Vor ihm regierte eine Frau 22 Jahre lang, nämlich Königin Hatschepsut, die eine weise, den Künsten ergebene Friedensfürstin war. Nicht allzu lange nach Thutmosis III. verlegte Pharao Echnaton die Residenz 300 Kilometer weiter nördlich nach Amarna. Er bemühte sich nach 1600 Jahren stereotypen Vielgötterglaubens am Nil, eine neue monotheistische Religion um den Sonnengott Aton zu begründen, möglicherweise inspiriert durch Moses' Lehren und seine sich in den Wundern ausdrückende Gottgefälligkeit. Für Thutmosis III. würde auch der in der Bibel beschriebene herrschsüchtige, rücksichtslose und kriegerische Charakter sprechen.

Umgekehrt erwähnen auch altägyptische Tempelinschriften weder Moses' Namen, noch nehmen sie die geringste Notiz vom Exodus der Juden aus ihrem Land. Aber das besagt nichts. Dergleichen Ereignisse wurden nicht in Stein geschlagen, sondern in Hieroglyphen auf Papyrus geschrieben. Diese Aufzeichnungen sind wahrscheinlich im Jahre 47 v. Chr. beim Brand der Bibliothek von Alexandria mitsamt 700 000 anderen Schriftrollen vernichtet worden. So also war die Lage, als der Engel des Herrn Moses im brennenden Dornbusch erschien und den Exodus befahl.

Schon das Phänomen des brennenden Dornbuschs mag uns hier interessieren:

»Mose aber hütete die Schafe Jethros, seines Schwiegervaters, des Priesters in Midian, und trieb die Schafe über die Steppe hinaus und kam an den Berg Gottes, den Horeb (heute: Mount Sinai oder Mosesberg im südlichen Teil der Halbinsel Sinai, wo heute noch innerhalb der Mauern des Katharinenklosters die Orte des brennenden Dornbuschs und der Mosesquelle heiliggehalten werden). Und der Engel des Herrn erschien ihm in einer feurigen Flamme aus dem Dornbusch. Und er sah, daß der Busch im Feuer brannte und doch nicht verzehrt wurde. Da sprach er: Ich will hingehen und die wundersame Erscheinung besehen, warum der Busch nicht verbrennt.«

Dem sei zunächst ohne Kommentar das Lebensbild eines Tieres an die Seite gestellt:

In Afrika und dem Vorderen Orient leben Leuchtkäfer der Gattung *Luciola*. Im Gegensatz zum mitteleuropäischen »Glühwürmchen« oder »Johanniskäfer« können hier Männchen wie Weibchen fliegen. In der Abenddämmerung versammeln sich Tausende von ihnen im Gezweige eines Busches, den sie aus für uns noch nicht erkennbaren Gründen als gemeinsamen Treffpunkt ausgewählt haben. Dabei laufen sie schnellfüßig auf den Zweigen hin und her und beginnen mit ihren Laternen am Unterleib zu blinken. Geisterhaft leuchtet der Busch im Dunkel der hereinbrechenden Nacht auf und ist bald als gelb-grün fluoreszierende Fackel einige hundert Meter weit zu sehen, während alle anderen Büsche der Umgebung im Dunkeln bleiben. Scharen weiterer »Glühwürmchen« steuern diesen »Leuchtturm« an, gesellen sich hinzu und verwandeln den Busch in eine immer heller flimmernde und flackernde Pyramide: ein einziger großer

»Heiratsmarkt« für die paarungslustigen Tierchen. Schon hier begegnen wir zwei großen Naturwundern: dem Erzeugen von Licht in den Leuchtorganen der seltsamen Käfer und dem Zusammenströmen Tausender dieser Wesen in einem Busch, so daß dieser hell zu leuchten beginnt, ohne dabei zu verbrennen.

Die Larven dieser kleinen Laternenträger, die ihre Lampen nach Belieben an- und ausknipsen können, leben räuberisch von Schnecken. Diese sind wiederum nur dort zu finden, wo es zumindest zeitweise feucht ist. Im Wüstengebirge von Sinai ein unmöglicher Umstand? Im allgemeinen ja. Aber bestätigt nicht gerade die Existenz der Mosesquelle unmittelbar am selben Ort, daß hier durchaus Wasser vorhanden war?

Die Wunder Gottes, von denen die Bibel berichtet, unterscheiden sich von den angeblichen Wundern der Magier und Scharlatane gerade dadurch, daß hier nicht mit Blendwerk und faulen Tricks betrogen wird. Vielmehr beruhen sie immer auf einer realen Grundlage, die wiederum durch die Wunder der Schöpfung vorgegeben ist.

Das Reich der Tiere und Pflanzen ist so voll von staunenswerten Phänomenen, daß es der Quacksalberei gar nicht bedarf, um uns das Wirken Gottes ahnen zu lassen — ein Aspekt, der erst in jüngster Zeit durch die Forschungsergebnisse der Biologie für uns in vollem Umfang faßbar geworden ist.

Daß dann Gott durch einen Engel aus dem brennenden Dornbusch heraus zu Moses sprach, steht als Wunder indessen auf einer höheren Ebene.

Eine Umweltkatastrophe
in biblischer Zeit
Die Verwandlung von Wasser in Blut

In alttestamentarischer Zeit aber mußten die Wunder den Menschen erst mit elementarer Wucht deutlich gemacht werden — eben durch die zehn Plagen, mit denen der Herr die Ungläubigen in Ägypten heimsuchte. Als Moses in die Hauptstadt Ägyptens zurückgekehrt war, begann sein Machtkampf mit dem Pharao um die Befreiung der Juden aus der Knechtschaft. Und der Herr war mit ihm, denn »er tat viele Zeichen und Wunder in Ägyptenland«. Es begann mit der ersten Plage, der Verwandlung aller Gewässer in Blut.
Wie wir heute wissen, wird die plötzliche Rotfärbung des Wassers, die sogenannte »Rote Tide« oder »Wasserblüte«, durch eine explosionsartige Massenvermehrung mikroskopisch winziger Einzeller hervorgerufen, von Panzergeißlern oder Dinoflagellaten vor allem der Gattungen *Gambierdiscus, Pyrodimium, Gymnodium* und *Goniaulax*. Das sind Verwandte der »Funkensprühenden Nachtleuchte«, also jener Mikrobe, die in Zeiten der Massenvermehrung das Meeresleuchten hervorruft. Die meisten Arten leben im Ozean, einige aber auch in Flüssen und Seen.
Bevölkern 200 000 bis 500 000 dieser Wesen einen Liter Wasser, setzt für das menschliche Auge eine schwa-

che Rotfärbung ein. Jedoch verdoppeln diese Mikroben ihre Zahl alle drei Tage durch Teilung. Schon nach zehn Tagen haben sie sich auf ihr Maximum von sechs Millionen Exemplaren pro Liter Wasser vermehrt und färben es blutrot.

Natürlich haben diese algenähnlichen Einzeller viele Freßfeinde, vor allem lupenkleine Wasserflöhe, Hüpferlinge und Ruderfußkrebschen. Gegen diese ständige Bedrohung versuchen sie sich durch zwei Abwehrwaffen zu schützen: durch einen Panzer aus unverdaulicher Zellulose und durch ein selbsterzeugtes Nervengift.

Viele Krebschen können jedoch die Schale knacken. Und gegen das Gift haben sie Immunität entwickelt. Aber das Gift, nämlich Ciguatoxin und Maitotoxin, sammelt sich in ihnen zu hoher Konzentration an. Und andere Feinde, meist Muscheln oder Fische, die jene Krebschen fressen, müssen nun zugrunde gehen: ».. . daß die Fische im Strom sterben und der Strom stinkt. Und die Ägypter wird es ekeln, das Wasser aus dem Nil zu trinken«, wie es im zweiten Buch Mose geschrieben steht.

Zu den Tieren, denen diese Gifte nichts ausmachen, gehören auch einige Muscheln. Die Menschen jedoch, die sie essen, erkranken daran, manche müssen sogar sterben. Das ist der von der Natur diktierte Grund, weshalb man Muscheln nicht in den »Monaten ohne r« verspeisen soll. In der Zeit von Mai bis August können sich die Panzergeißler nämlich auch in der Nord- und Ostsee gefährlich stark vermehren.

Zwar bemerken wir dann noch nicht die Spur einer Rotfärbung, aber gerade das ist das Heimtückische. Muscheln strudeln Wasser durch ihr Inneres und halten dabei alles Nahrhafte fest. So sammelt sich in ihnen auch dieses Gift in immer stärkerer Konzentration an, bis es für Menschen tödlich geworden ist.

Nach der in der Karibik lebenden Turbanschnecke *Cittarium pica*, die von den Einheimischen »*cigua*« genannt und gern gegessen wird, erhielt diese Art der Vergiftung, die durch Lähmung der Atemmuskulatur und durch Wasserentzug aus dem Körpergewebe in zwanzig Prozent aller Fälle zum Tode führt, auch ihren wissenschaftlichen Namen: *Ciguatera*.

Vor allem in der pazifischen und karibischen Inselwelt werden Menschen nach dem Verzehr von Fischen und anderen Meerestieren hiervon sporadisch befallen. Katastrophenmeldungen der letzten Jahrzehnte kamen aus Tahiti, Samoa und Hawaii. Doch weiß fatalerweise bis heute niemand, wann, wo und warum im Meer oder im Binnengewässer die lange Zeit unsichtbare, aber trotzdem schon tödliche »Rote Tide« wieder zuschlagen wird. Die Insulaner kennen vorerst nur ein vorbeugendes Mittel: Von Zeit zu Zeit verfüttern sie Eingeweide von Fischen an ihre Hauskatzen. Diese Tiere haben einen besonderen Sinn für diese Gefahr. War die Nahrung giftig, erbrechen sie die Katzen wieder und schützen sich so vor Krankheit und Tod — und den menschlichen Beobachter desgleichen.

Ob Moses seinerzeit an diesem Vorzeichen den kurz bevorstehenden Ausbruch der »Roten Tide« bemerkt und dann sein Wissen nutzbringend angewendet hat? So bliebe nur noch zu erklären, weshalb die erste ägyptische Plage nicht auf das Wasser des Nil und seiner Seitenarme im Delta beschränkt blieb, sondern sich ausbreitete auf alle Bewässerungskanäle und »Sümpfe und über alle Wasserstellen, daß sie zu Blut werden, und es sei Blut in ganz Ägyptenland, selbst in den hölzernen und steinernen Gefäßen«.

Dies verhält sich so: Wenn ein starker Wind aufkommt und auf dem Nil Wellen mit Schaumkronen schlägt, verwehen Massen von Panzergeißlern ans Ufer. Dort sterben sie jedoch nicht in der Sonnenglut, sondern trocknen nur aus, schrumpfen stark zusammen und werden leicht wie Staub. Abermals erfaßt sie der Wind und trägt die »Sporen« überallhin, sogar in den kleinsten Wassereimer. Dort erwacht das Wesen sogleich zu neuem Leben — abermals ein Wunder der Schöpfung!

Die Legende wird zur Realität
Wie Frösche zur Plage Ägyptens wurden

Eine ungeheure Massenvermehrung von Einzellern der »Roten Tide« bricht bereits nach wenigen Tagen wieder in sich zusammen. Außer Bergen von toten Fischen am Ufersaum zeugt bald nichts mehr von diesem gewaltigen Naturereignis.

Es ist durchaus möglich, daß die »Weisen und Zauberer« des Pharao, die in beachtlicher Zahl in den Tempeln und Palästen wirkten und Naturbeobachtungen von erstaunlicher Präzision durchführten, über diese Gesetzmäßigkeit Bescheid wußten und den König informierten. Das Herz des Pharao wurde vielleicht deshalb wieder verstockt, und er hörte nicht auf die Worte von Moses und Aaron, wie der Herr es vorhergesagt hatte.

Aber unausweichlich brach die zweite Katastrophe über Ägypten herein: »So will ich dein ganzes Gebiet mit Fröschen plagen, daß der Nil von Fröschen wimmeln soll. Die sollen heraufkriechen und in dein (des Pharao) Haus kommen, in deine Schlafkammer, auf dein Bett, auch in die Häuser deiner Großen und deines Volkes, in deine Backöfen und in deine Backtröge; ja die Frösche sollen auf dich selbst und auf dein Volk und auf alle deine Großen kriechen.«

Wie die Bibel in historischen Dingen recht hat, so auch auf dem Gebiet der Zoologie. Sie ist gleichsam auch das erste Buch der Tierverhaltensforschung. Daß wir heute einiges wissenschaftlich erklären können, ändert nichts an der Tatsache großer Wunder, von denen Gott in der Tierwelt so viele erschaffen hat, wie Sterne am Himmel stehen.

Die Froschplage schließt sich nämlich konsequent an die vorhergegangene Plage, die Verwandlung aller Gewässer in Blut, an. Zu jenen Wesen, die von den Panzergeißlern der »Roten Tide« nicht vergiftet werden, gehören auch Froschlarven, also Kaulquappen. Im Gegenteil, sie fressen diese Mikro-Lebewesen, ohne Schaden zu leiden. In Zeiten der Rotfärbung des Wassers steht ihnen also eine unerschöpfliche Nahrungsquelle zur Verfügung. Außerdem sind alle Raubfische und anderen Feinde, die Kaulquappen sonst massenweise zu fressen pflegen, vergiftet.

Das bedeutet: Von den Tausenden von Eiern, die ein Weibchen pro Saison legt, überleben im Durchschnitt nicht einmal zwei Nachkommen bis zur Geschlechtsreife. Unter den Umständen der »Roten Tide« bleiben jedoch fast alle am Leben. So zieht die Bevölkerungsexplosion der Panzergeißler in kurzem zeitlichen Abstand eine nicht minder gewaltige Bevölkerungsexplosion bei den Fröschen nach sich.

Um welche Froschart es sich gehandelt hat, können wir nur vermuten. Aber alles deutet auf den Grasfrosch hin. Er ist alljährlich der erste Lurch, der laicht, und zwar in einer Amphibien-Rekordzahl von 4000

Eiern pro Weibchen. Hinzu kommt, daß die Weibchen in großen Ansammlungen meist nur innerhalb einer einzigen Nacht ihre Laichpakete zu Hunderten dicht gedrängt auf engstem Raum zusammen ablegen. Sie sind »Explosiv-Laicher«, wie der Fachausdruck heißt. Die Kaulquappen schlüpfen schon nach drei bis vier Wochen, also genau dann, wenn die Weibchen anderer Froscharten erst ihre Eier legen, und fressen eben deren Laich, sofern sie ihn finden können. Die Verwandlung (Metamorphose) zum »richtigen« Frosch vollzieht sich danach innerhalb von nur zwei bis drei Monaten.

Eines Nachts ist es dann soweit. Nahezu gleichzeitig krabbeln überall unübersehbare Massen der knapp einen Zentimeter langen Froschkinder aus dem Wasser auf die umliegenden Wiesen und Felder. In Mitteleuropa glauben die Bauern zum Teil noch heute, daß die Frösche vom Himmel geregnet waren, so viele sind es in manchen Jahren.

Ein weit verbreiteter Irrtum ist es auch anzunehmen, Frösche lebten nur im und nahe am Wasser. Außerhalb der Laichzeit trifft das nur für den Wasserfrosch zu. Laubfrösche klettern zum Insektenfang ins Laub der Büsche und Bäume. Kröten wandern in die Wälder. Grasfrösche suchen, wie ihr Name ganz richtig ausdrückt, Wiesen und Weiden auf und entfernen sich bis zu zwei Kilometern weit vom Wasser.

In Jahren der geschilderten Massenvermehrung krabbelt dann tatsächlich in diesem Bereich alles voller kleiner Frösche. Im Niltal und im Mündungsdelta war das also praktisch überall, wo noch Vegetation wuchs. Hinzu kommt, daß die Fröschlein bestrebt sind, sich zu zerstreuen. Der eine Lurch kann den anderen nicht leiden. Jeder sucht für sich die Einsamkeit, also ein Fliegen-, Ameisen-, Käfer- und Wurm-Jagdrevier, wo ihm kein anderer die Nahrung wegnimmt. Treten die Frösche in großen Massen auf, unternehmen sie aus Verzweiflung schließlich etwas, das sie sonst nicht tun: Sie hüpfen ins Innere der Häuser, krabbeln nachts zu den schlafenden Menschen in die Betten und fangen sich unfreiwillig auch in den Backtrögen, aus denen sie nur schwer wieder herausklettern oder -springen können — für das Sauberkeitsbedürfnis in altägyptischen Küchen ein schier unerträglicher Gedanke.

Doch wie bei jeder Massenvermehrung, so folgt auch hier das Massensterben unerbittlich nach. Bald sind alle Nahrungsinsekten aufgezehrt, und es geschieht, was die Bibel beschreibt:

»Die Frösche starben in den Häusern, in den Höfen und auf dem Felde. Und man häufte sie zusammen, hier einen Haufen und da einen Haufen, und das Land stank davon.«

27

Milliardenmassen schlüpfen explosionsartig
Die Verwandlung von Staub in Stechmücken

Nichts weckt so angenehme Gefühle wie der Gedanke an eine überstandene Not. So ist es auch psychologisch verständlich, daß sich des Pharaos Herz wieder verhärtete, als er »merkte, daß er Luft gekriegt hatte«. Billige Arbeitskräfte wie die Kinder Israel einfach ziehen zu lassen hätte zu große Entbehrungen gebracht. Also mußte die dritte Plage über das Land heraufbeschworen werden.

»...und Aaron reckte seine Hand aus mit seinem Stabe und schlug in den Staub auf der Erde. Und es kamen Mücken und setzten sich an die Menschen und an das Vieh; aller Staub der Erde ward zu Mücken in ganz Ägyptenland.«

Hier stutzt der skeptische Zoologe. Mücken aus Staub? Wo doch jeder weiß, daß diese menschenblutsaugenden Quälgeister unbedingt Wasser benötigen, um ihre Brut aufzuziehen?

Doch das ist viel zu abendländisch gedacht. Auf der Welt gibt es mehr als 2000 verschiedene Arten von Stechmücken und Moskitos. Und insbesondere jene, die in Afrika in unmittelbarer Nachbarschaft der Sahara leben, praktizieren mit erstaunlichen Tricks die Kunst des Überlebens in extrem lebensfeindlichen

Gegenden. Allerdings beginnt die Wissenschaft erst in jüngster Zeit, dieses hochinteressante Gebiet zu erforschen.

Jeder Afrikareisende kennt das Bild beklemmender Grandiosität: Eben noch lag der See oder träge dahinströmende Fluß friedlich unter dem strahlendblauen Himmel. Doch plötzlich scheint das Wasser zu brennen. Knapp hundert Meter vom Ufer entfernt steigt eine schwarze Wolke aus dem See. Ein nahender Sandsturm? Ein emporwachsender Berg, der »zum Propheten kommt«?

Dann nähert sich das gigantische, wabernde Gespenst dem Ufer und beginnt zu summen, penetrant unisono zu singen: Myriaden Moskitos tauchen wie von Geisterhand aus den Fluten auf, formieren sich zu aufeinandertürmenden Wolken und streben blutdurstig dem Ufer zu. Wehe dem, der in diese Massen hineingerät! Man kann nicht die Augen öffnen, man kann nicht atmen. In jeder Falte setzen sie sich fest, stechen und saugen Blut. Wildes Umsichschlagen ist zur Lächerlichkeit verurteilt. Es bleibt nur die Flucht über einige hundert Meter landein oder mit dem Boot auf das offene Gewässer. Denn, und schon dies ist eine Merkwürdigkeit, die Moskitos entfernen sich niemals über weitere Strecken von ihrem Entstehungsort.

Wie mag es zu dieser Massenansammlung von Gottesgeißeln gekommen sein? Für die Schwarzen Afrikas ist es schlechthin die Urzeugung des Bösen aus dem Schlamm des See- oder Flußgrundes.

Die Tatsachen sind aber noch viel phantastischer: Erst

wenige Wochen zuvor waren weitaus lichtere Moskitowolken über dem See erschienen. Sie bestanden lediglich aus jenen Weibchen, die Erfolge sowohl in der Mückenliebe als auch im Blutsaugen an Menschen, Rindern und anderen Haustieren erzielt hatten.

Aber das ist noch nicht alles. Oft wundert sich der Reisende, wenn er über scheinbar völlig ausgestorbene Steppen Afrikas oder auch über die Tundren Finnlands, Sibiriens, Kanadas und Alaskas fährt, wo dort mit einemmal so unermeßlich große Mückenmassen herkommen. Ohne Blut gesaugt zu haben können die Mini-Vampire doch unmöglich Nachwuchs in die Welt setzen. Wo also bekommen sie in des Teufels Namen in der Einsamkeit jener Landschaften soviel Blut für so viele Lebewesen her?

Ganz einfach: Sie zapfen nicht nur Menschen und großen Tieren Blut ab, sondern auch Vögeln, Ratten, Mäusen, ja sogar auch Blutegeln, Regenwürmern, Käfern, Zecken, Eidechsen und . . . Fröschen!

Damit hätten wir einen Anhaltspunkt für das Entstehen der ungewöhnlich gigantischen Mückenmassen kurze Zeit nach der Froschplage. Die ökologischen Zusammenhänge sind hier also durchaus folgerichtig. Doch es bleiben noch weitere Fragen zu klären. Verfolgen wir zu diesem Zweck zunächst den »normalen« Entwicklungsgang der Moskitos: An einem bestimmten Tag erscheinen die Schwärme befruchteter und blutpraller Weibchen exakt zwischen 14 und 15 Uhr wie auf Verabredung über einer Region ihres Sees oder Flusses. Ein jedes legt etwa 500 Eier ins Wasser, übrigens nicht als Floß zusammengekoppelt wie die europäische Stechmücke *Culex pipiens,* sondern einzeln.

Das hat bei den *Anopheles-* und *Aedes*-Moskitos einen diabolischen Grund. Schon drei Tage später bahnen sich nämlich ungeheuerliche Ereignisse an: Die Larven schlüpfen aus den Eiern. Jede beginnt sofort mit Wimperkränzchen am Kopf Wasser herbeizustrudeln, um Algen und Bakterien als Nahrung herauszufiltern — Bakterien also, an denen seinerzeit im stinkenden Nil und seinen vielen Nebenarmen im Delta kein Mangel geherrscht haben dürfte.

Eine einzige, nur wenige Millimeter kleine Larve ventiliert einen Liter Wasser pro Tag. Ihrer zwanzig könnten statt der elektrischen Pumpe ein ganzes Aquarium umwälzen. Hier aber sind Millionen und Abermillionen von Strudel-»Apparaten« an der Arbeit. Sie erzeugen eine regelrechte Wasserströmung, saugen auch alle Altersgenossen aus zwanzig bis dreißig Metern Entfernung an und verklumpen sich mit ihnen zu großen Kugeln mit Durchmessern von bis zu 25 Zentimetern und mit je etwa einer Million Insassen.

In solcher Massenzusammenballung vereint, bilden die nur einen Millimeter dünnen Larven keine freßbaren Portionen mehr für die zahllosen Fische in afrikanischen Gewässern. Kein Feind vermag solchen »Medizinball« zu verschlucken. In dieser Masse überlebt das »Fischfutter« ungefährdet.

Aber müssen die Moskitolarven im Inneren der Kugel nicht verhungern oder ersticken? Opfern sie sich für ihre Artgenossen am Außenrand der Kugel? Keineswegs. Die ganze Masse ist wie ein zäher Brei in ständiger, langsam krabbelnder Umwälzung begriffen, so daß jeder hinreichend lange an die nähr- und sauerstoffreiche Oberfläche gelangt.

Außerdem wird in der anonymen Masse ein zweiter sozialer Effekt wirksam: Die Millionengesellschaft synchronisiert auf zur Zeit noch unerklärliche Weise die körperliche Entwicklung. Die drei Häutungen der Larve, die vierte Häutung zur Puppe und das Ausschlüpfen zum flugfähigen Vollinsekt vollziehen sich bei allen Tieren gleichzeitig — seltsamerweise auch bei allen 3000 bis 10 000 Kugeln in einem See- oder Flußgebiet.

Dann schlüpfen die Milliardenmassen innerhalb von nur drei bis fünf Minuten wie auf Kommando aus der Puppe und erheben sich in die Lüfte, daß jenes Wasser dort zu rauchen scheint. Die Wolke des großen Unheils ist aus dem nassen Element geboren.

Aber kann sich so etwas auch aus dem Staub heraus vollziehen, wie es die Bibel schildert?

Es gibt Moskitoarten, die, was Wasser betrifft, unvorstellbar genügsam sind. In Steppen und Halbwüsten, in denen es auf Hunderte von Kilometern keinen See und keinen Fluß, nicht einmal die kleinste Pfütze gibt, vermögen sie zu existieren. Der Gelbfiebermücke *Aedes aegypti* genügen verrostete Blechdosen mit wenigen Tropfen Wasser oder Friedhofsvasen, um ihren Nachwuchs darin aufzuziehen, der alsbald auch noch die trauernden Hinterbliebenen der verstorbenen Menschen ins Grab bringen kann.

Die Weibchen anderer Moskitoarten verstreuen ihre Eier mitten auf ausgedörrter Steppe in Vertiefungen, etwa in Wagenspuren oder Hufabdrücken von Gazellen. Dort können die Eier bis zu zehn Jahre lang liegen, bis zufällig einmal Regen fällt. Manchmal genügt es schon, wenn des Nachts besonders dicktröpfiger Morgentau auf dem Boden perlt. Dann explodiert allenthalben das Leben aus dem toten Staub heraus. Angehörige der Stechmückengattung *Psorophora* entwickeln sich innerhalb von nur fünf Tagen vom Ei bis zum reifen Vollinsekt. Alles muß enorm schnell gehen, weil die Sonnenglut der nächsten, vielleicht Jahre anhaltenden, Dürreperiode droht.

Bei aller Antipathie: Mücken sind überaus zarte, glasig durchsichtige Tierchen. Setzen sie sich zu sehr der Tropensonne aus, so brennt diese das letzte bißchen Feuchtigkeit aus ihnen heraus und bringt sie um. Also müssen sie sich gegen Sonnenschein und Austrocknung schützen. Nach Möglichkeit suchen sie den Schatten unter einer Akazie auf. Aber wo kein Schatten ist, bleibt ihnen nichts anderes übrig, als sich im Sand oder Staub zu verkriechen, und zwar in Tiefen von einigen Zentimetern, wo es nicht mehr so heiß ist wie an der Oberfläche, auf die ein Mensch nicht barfuß treten kann.

Hier warten die Mücken, bis zufällig ein »Blutspender« des Weges kommt, eine Antilope, ein Pferd, ein Mensch. Ihr Opfer nehmen sie nicht mit den Augen wahr, sondern nur mit ihrem Erschütterungssinn dessen Schritte. Dann starten sie alle eruptiv als »Wolke«

33

aus ihren Löchern und stürzen sich auf ihr Opfer. Schlägt man also am rechten Ort zur rechten Zeit in der Morgenstunde mit einem Stab auf den Boden, können tatsächlich aus dem Staub Mückenmassen werden.

Steigt die Sonne jedoch im Verlauf des Vormittags zu hoch in den Zenit, können die Moskitos nicht mehr die oberste Hitzeschicht des Sandes durchbrechen, auch wenn der Boden noch so stark vibriert. Dies erklärt folgendes Bibelwort:

»Die Zauberer (des Pharao) taten ebenso mit ihren Künsten, um Mücken hervorzubringen; aber sie konnten es nicht ... Da sprachen die Zauberer zum Pharao: Das ist Gottes Finger.«

Biologen entdecken eine Unheilskette
Die Stechfliegenplage

In unserer aufgeklärten Gegenwart gibt es nur allzu viele ungläubige Thomasse. Sie halten die Bibel für eine Dichtung, für eine großartige und gewaltige zwar, aber eben nicht für Gottes Wort. So ist es erlaubt zu fragen, wie denn ein Dichter die zehn Plagen Ägyptens bearbeitet hätte.

Auf die Stechmücken hätte er sicherlich nicht sofort. die Stechfliegen folgen lassen, und zwar aus künstlerischen Gründen: zum einen nicht, weil die thematische Ähnlichkeit zu groß ist, und zum anderen nicht, weil dadurch die allgemeine Vorstellung der Menschen vom Bedrohlichen keine Steigerung erfährt, eher sogar eine Abschwächung. Wahrscheinlich hätte ein Dichter, wenn überhaupt, erst die Fliegen und dann die Mükken kommen lassen.

Indessen hat die Biologie in dieser Hinsicht etwas ganz Außerordentliches erforscht. Im vorigen Kapitel habe ich beschrieben, wie Moskitos ihre Eier sogar auf ausgedörrtem Halbwüstenboden ablegen können. Finden sie morastige, grasbewachsene Gegenden wie im Nildelta, legen sie ihre Eier auch dort ab. Und genau das ist der Ort, an dem auch die Brut der Stechfliegen, die wir »Bremsen« nennen, heranreift.

Die Maden oder Larven der Bremsen sind erheblich größer als die der Mücken. Zudem tragen sie am Maul nadelscharfe Haken, die wie eine Miniaturausgabe des Krummschnabels von einem Adler aussehen. Es sind mörderische Waffen für das Erbeuten der Hauptnahrung: der Mückenlarven!

Es ist biologisch ganz folgerichtig, daß nach einer Mückenplage nun eine Stechfliegenplage folgen muß. Niemals verläuft das Geschehen umgekehrt. Auch dies beweist, daß die Bibel keine Dichtung ist, sondern die Dinge so schildert, wie sie sich seinerzeit tatsächlich zugetragen haben.

Es wird an dieser Stelle bereits folgendes deutlich: Die erste Plage Ägyptens, die Vergiftung des Nil durch die Panzergeißler der »Roten Tide«, war eine von der Natur hervorgerufene Umweltkatastrophe ungeheuren Ausmaßes, die weiteres Unheil folgerichtig nach sich zog: die Froschplage. Diese wiederum forcierte die Mückenplage und diese im Anschluß die Stechfliegenplage und alles zusammengenommen weitere Katastrophen, die in den nächsten Kapiteln behandelt werden.

Heutzutage bezeichnen wir dergleichen Abläufe lediglich anders: als ökologische Reaktionskette oder als ökologische Vernetzung von Lebensvorgängen. Somit erweist sich die Bibel als erstes Lehrbuch der Ökologie.

Vergleichen wir mit der Bibel auch einmal die Hervorbringungen des menschlichen Geistes, etwa die jener vermeintlichen Propheten, die vom Wort Gottes abgerückt waren. Nehmen wir als Beispiel Mohammed. Er hörte einmal davon, daß es männliche und weibliche Dattelpalmen gibt. Die eine Pflanze erzeugt nur Blütenstaub, die andere nur Fruchtstände. Wir bezeichnen das heute als Zweihäusigkeit oder Diözie.

Aus Gründen der Keuschheit ordnete Mohammed daraufhin an, beide Palmengeschlechter nur weit getrennt voneinander anzupflanzen. Die Folge: Es fand keine Bestäubung mehr statt. Die Bäume blieben ohne Frucht. Da Datteln aber das Grundnahrungsmittel in jenen Ländern waren, entstand eine Hungersnot. Der »Prophet« mußte seine Anordnung widerrufen. Er war nicht unfehlbar. Er war ein Mensch.

Ganz anders jedoch die Heilige Schrift. Sie ist weder eine Dichtung noch eine intellektuelle Doktrin, sondern Gottes Wort. Das lehrt uns das Beispiel der vierten Plage besonders anschaulich: »... es kamen viele Stechfliegen in das Haus des Pharao, in die Häuser seiner Großen und über ganz Ägyptenland, und das Land wurde verheert von den Stechfliegen.« — »An dem Lande Gosen aber, wo sich mein Volk aufhält, will ich an dem Tage etwas Besonderes tun, daß dort keine Stechfliegen seien, damit du (der Pharao) innewerdest, daß ich der Herr bin, inmitten dieses Landes.«

Das Land Gosen war seinerzeit so eine Art Fremdarbeitersiedlung oder Ur-Getto im östlichen Außenbezirk der Hauptstadt Tanis, wahrscheinlich im Wadi Tumilat gelegen, also an einem nur sehr selten Wasser führenden Fluß. Es lag bereits auf Wüstengebiet. Das erklärt, weshalb die Mückenplage nicht nur über die Ägypter, sondern auch über die Kinder Israel hereinbrach, letztere aber nicht unter den Stechfliegen zu leiden hatten. Denn wie bereits im vorigen Kapitel erwähnt, konnten zwar die Moskitos aus dem Staub der Wüste in die Luft steigen, die Brut der Stechfliegen aber kann nur in Feuchtgebieten gedeihen. Erhob sich außerdem noch ein leichter Ostwind, suchten die Quälgeister nur die Quartiere der Ägypter heim, nicht aber die der Juden.

Der Wind mag es auch gewesen sein, der dem ganzen Spuk mit einem Schlage ein Ende setzte: »Und der Herr tat, wie Mose gesagt hatte, und schaffte die Stechfliegen weg vom Pharao, von seinen Großen und von seinem Volk, so daß auch nicht eine übrigblieb.«

Die Bremsen gehören zu den Insekten mit der höchsten Fluggeschwindigkeit. Ihr Höchsttempo liegt bei sechzig Kilometern in der Stunde. Als ausgesprochene Leichtgewichte jedoch werden sie zum Spielball des Sturmwindes. Zwar versuchen sie bei Einsetzen stärkerer Windstöße noch rechtzeitig zu landen und sich am Boden festzukrallen, doch die Glut eines Sandsturmes dörrt sie aus. Sie müssen loslassen, werden hinweggefegt und verwandeln sich in den Staub der Wüste, so daß nicht eine Spur von ihnen zurückbleibt.

Mikrobenjäger auf den Spuren biblischer Seuchen
Viehpest, Pocken und Hagelschlag

Da sich abermals das Herz des Pharao nach der überstandenen Fliegennot verhärtete und er die Kinder Israel entgegen seinem Versprechen nicht ziehen lassen wollte, überzog der Herr das Land mit der fünften Plage: ». . . siehe, so wird die Hand des Herrn kommen über dein Vieh auf dem Felde, über die Pferde (die übrigens erst vor kurzem von den Hyksos in Ägypten eingeführt worden waren!), Esel, Kamele, Rinder und Schafe, mit sehr schwerer Pest.«
Noch in der Neuzeit war und ist die Rinderpest trotz aller tiermedizinischer Künste weltweit eine gefürchtete Seuche. Im November 1890 wurde sie zum Beispiel in Ostafrika eingeschleppt. Die Wirkung war verheerend. Innerhalb von nur vier Monaten wurde fast der gesamte Viehbestand von mehreren Millionen Tieren vernichtet. Die Infektion verlief wie der Blitz. Kerngesunde Tiere waren bereits nach einem oder zwei, spätestens nach fünf Tagen tot. Hatte es erst ein Rind erwischt, war eine Woche darauf von der ganzen Herde nichts mehr übrig.
Während Schafe und Ziegen anders als im biblischen Beispiel nicht in das Massensterben mit hineingerissen wurden, breitete sich diese Form der Seuche wie ein

Buschfeuer auch über die Wildnis aus und erfaßte die damals riesigen Herden der Afrikanischen Büffel, der Bongo- und Pferdeantilopen sowie die der Großen Kudus. Neunzig Prozent aller Bestände, ob in Menschenobhut oder in Freiheit, wurden dahingerafft und lagen in solcher Menge verwesend auf den Steppen und Savannen, daß Geier, Hyänen und Schakale das Aas nicht annähernd bewältigen konnten.

Naiv, wie die Farmer damals waren, führten sie nach Beendigung der Seuche neue Rinder aus Europa, Australien und Amerika ein. So brach die Rinderpest bereits 1896 abermals mit voller Wucht aus und brachte um, was bis dahin noch am Leben war.

Die genaue Ursache der damals wütenden Rinderpest kennen wir nicht. Robert Koch hatte gerade erst die Milzbrand- und Tuberkel-Bakterien entdeckt. Fest steht aber, daß es viele verschiedene Formen der Rinderpest gibt: von Bakterien verursachte und von Viren erregte, solche mit katastrophaler Wirkung und andere mit harmloserem Verlauf, einige, die ausschließlich auf Rinder beschränkt bleiben, und hin und wieder jene, die auch auf andere Tierarten übergreifen, mal auf diese, mal auf jene.

Ähnlich vielfältig können auch die Infektionswege sein. Im allgemeinen gilt heute, daß die Erreger auf dem Luftwege übertragen werden. Ein krankes Tier atmet sie aus, ein gesundes ein, und schon ist es geschehen. Quarantäne aller verdächtigen Tiere mag dann der Seuche Einhalt gebieten.

Ebensogut ist es aber auch möglich, daß früher blutsaugende Insekten als Todesbringer eine verheerende Rolle gespielt haben, also Stechmücken oder Stechfliegen oder beide. In ähnlicher Weise werden ja auch andere Krankheiten übertragen, etwa die Malaria durch die *Anopheles*-Mücke und die tödliche Schlafkrankheit durch die Tsetsefliege.

Wollen wir der Bibel folgen, so kommen eigentlich nur die Stechfliegen in Betracht. Während unter den Moskitos alle Menschen in Ägypten zu leiden hatten, also auch die Juden, sparte der Herr deren Wohngebiet, das Land Gosen, bei der Stechfliegenplage aus. Die materielle Basis zu diesem Wunder habe ich im vorigen Kapitel dargelegt.

Wo es keine Stechfliegen gegeben hatte, breitete sich also auch keine Viehpest aus. So wurden die Kinder Israel auch von dieser fünften Plage verschont, wie es geschrieben steht: »Aber der Herr wird einen Unterschied machen zwischen dem Vieh der Israeliten und dem der Ägypter, daß nichts sterbe von allem, was die Kinder Israel haben.«

Die nachfolgende sechste Plage der Blattern ist schwerer zu deuten. Historiker der medizinischen Wissenschaften orten das erste Auftreten der Blattern, auch Pocken genannt, erst um das Jahr 1000 v. Chr. in China und Indien. In arabischen Annalen steht als frühestes Datum das Jahr 370 v. Chr. Die biblischen Ereignisse um die ägyptischen Plagen aber müssen sich um das Jahr 1450 v. Chr. abgespielt haben.

In all den von Medizin-Historikern geschilderten Fällen handelte es sich offenkundig um die Schwarzen Blattern, also um die gefährlichste Form der Pocken, die fast immer tödlich endet. In der Bibel ist aber mit keinem Wort erwähnt, so wie bei der vorangegangenen Rinderpest, daß an den Blattern Menschen oder Tiere gestorben wären. Folglich kann es sich nur um eine harmlose, gutartig verlaufende Form der Pocken gehandelt haben, zu bedeutungslos, um in den Geschichtsbüchern aufgezeichnet worden zu sein.

In Frage kommen könnten die Sanaga- oder Kaffernpocken sowie die *Variolois*. Hierbei entstehen zwar auch überall auf der Haut verunstaltende Pusteln, »so daß die Zauberer nicht vor Mose treten konnten wegen der bösen Blattern; denn es waren an den Zauberern ebenso böse Blattern wie an allen Ägyptern«. Aber diese Pusteln vereitern und bluten nicht. Sie trocknen schon nach einigen Tagen aus, ohne daß stark entstellende Pockennarben Gesicht und Haut lebenslang zeichnen.

Der Erreger dieser Krankheit ist ein Virus von außergewöhnlicher Widerstandsfähigkeit gegenüber der Austrocknung. Er kann tatsächlich zu Staub werden, mit diesem zusammen verwehen und Menschen wie Vieh (Kuhpocken) infizieren, die ihn einatmen.

Hierauf spielt die Heilige Schrift an, wenn es heißt: »Und sie nahmen Ruß aus dem Ofen und traten vor den Pharao, und Mose warf den Ruß gen Himmel. Da brachen auf böse Blattern an den Menschen und am Vieh.«

Hängt auch die Pockenplage ursächlich mit der ökologischen Katastrophe zusammen, die durch die »Rote Tide« ausgelöst wurde und die offenkundig die ungeheure Vermehrung der Frösche wie der Stechmücken und Stechfliegen zur Folge hatte?

Schlüssiges kann hierüber nicht ausgesagt werden, da wir über den Infektionsgang jener archaischen Krankheitsform nichts Genaues wissen und es wohl auch nie erfahren werden. Sollten die Stechfliegen etwas damit zu tun gehabt haben, dann erscheint die Reihenfolge der Plagen durchaus logisch: Die fünfte, die Rinderpest, hat eine Inkubationszeit von vier bis sieben Tagen, die sechste, die milden Blattern, eine von etwa zehn Tagen.

Der Herr kann also durchaus den Mechanismus beider Plagen zur selben Zeit in Gang gesetzt haben, obwohl sie erst nacheinander zum Ausbruch kamen.

Aber was wäre gewesen, wenn der Pharao bereits nach der fünften Plage nachgegeben und die Kinder Israel ziehen lassen hätte? Nun, der Herr hatte es bereits prophezeit: »Und der Pharao wird nicht auf euch hören. Dann werde ich meine Hand auf Ägypten legen und durch große Gerichte meine Heerscharen, mein Volk Israel, aus Ägyptenland führen.«

So geschah es auch nach der Pockenplage. Abermals verhärtete sich das Herz des Pharao. »Da streckte Mose seinen Stab gen Himmel, und der Herr ließ donnern und hageln, und Feuer schoß auf die Erde nieder. So ließ der Herr Hagel fallen über Ägyptenland, und Blitze zuckten dazwischen, und der Hagel war so schwer, wie er noch nie in ganz Ägyptenland gewesen war, seitdem Leute dort wohnen (also seit etwa 2000 Jahren!). Und der Hagel erschlug in ganz Ägyptenland alles, was auf dem Felde war, Menschen und Vieh, und zerschlug alles Gewächs auf dem Felde und zerbrach alle Bäume auf dem Felde.«

Es ist typisch für die Ungläubigkeit rein naturwissenschaftlichen Denkens, daß diese Schilderung der siebten Plage lange Zeit ins Reich der Legende verwiesen wurde, weil es einige tausend Jahre lang niemals so riesige Hagelkörner gegeben hatte, die fähig gewesen wären, Menschen und Vieh zu erschlagen und solche Verheerungen anzurichten. Meteorologen rechneten sogar mathematisch exakt aus, daß Hagelkörner nie größer als Tischtennisbälle werden könnten, es sei denn, in vereinzelten Ausnahmefällen verklumpen mehrere Körner durch eine Verquickung ungünstiger Umstände zu einem sogenannten Hydrometeor.

Durch solch einen Brocken hat es schon Todesfälle gegeben, aber nur vereinzelt, etwa so wie durch den berühmten Dachziegel, der einem Passanten zufällig auf den Kopf fällt. Aber von alttestamentarischen Ausmaßen wollte die Wissenschaft nichts wissen, bis anno domini 1985 in den südlichen Stadtvierteln Münchens ein Flächenbombardement faustgroßer Hagelkörner vor sich ging.

Tausenden von Autos wurde das Karosserieblech zerbeult. Dächer wurden zerschlagen, Schuppen niedergetrommelt und die Vegetation in Gärten und auf Feldern dem Erdboden gleichgemacht. Fußgänger erlitten stark blutende Platzwunden auf dem Kopf und konnten sich nur retten, indem sie den Kopf mit den Armen abdeckten. Wären die Hagelkörner nur noch um ein Geringes größer gewesen, hätten wir ein erschütterndes Bild von den Verheerungen der siebten biblischen Plage erfahren.

Statt durch theoretische Überlegung haben wir hier durch praktische Anschauung einen Beweis für die Richtigkeit der Heiligen Schrift.

Innere Wetterwarte führt zum Regen in der Wüste
Die Heuschreckenplage

Eine der gewaltigsten der zehn Plagen Ägyptens, die achte der Heuschrecken, hat bis in die Gegenwart hinein nichts von ihrer ganze Länder verwüstenden Urgewalt eingebüßt. So, wie es im zweiten Buch Mose geschrieben steht, geschieht es auch heute noch in vielen Gegenden Afrikas, Arabiens und des Orients, in Australien und Kalifornien:

».. . und der Herr trieb einen Ostwind ins Land, den ganzen Tag und die ganze Nacht. Und am Morgen führte der Ostwind die Heuschrecken herbei. Und sie kamen über ganz Ägyptenland und ließen sich nieder überall.«

Was bedeutet das in der Sprache der Biologie? Ein Schwarm der Wüsten- oder Wanderheuschrecken umfaßt bis zu fünfzig Milliarden zeigefingergroße Tiere, zehnmal mehr, als gegenwärtig Menschen auf dem Erdball leben. Wem diese Zahl unvorstellbar ist, bedenke folgendes: Ein Flugzeug ist in der Lage, mit Giftstaub bis zu hundert Millionen Heuschrecken zu vernichten. Das klingt gewaltig. Aber um einen Schwarm von fünfzig Milliarden Insekten zu vernichten, wären 500 Flugzeuge nötig.

Doch selbst wenn man diese riesige Luftflotte aufbieten könnte (was den afrikanischen Staaten bisher noch nicht einmal annähernd gelungen ist) und es überleben irgendwo am Rande nur fünf Prozent der Heuschrekken, so würden sich diese innerhalb von drei Wochen wieder auf die ursprüngliche gigantische Zahl vermehren und ihren Vernichtungsfeldzug fortsetzen.

So ein Riesenschwarm ist zehn bis fünfzig Kilometer breit, einige hundert Kilometer lang und bis zu dreißig Meter hoch. Mit Rückenwind erreicht er eine Marschgeschwindigkeit bis zu hundert Kilometern pro Stunde. Er kann 17 Stunden lang ununterbrochen in der Luft bleiben, ohne zu fressen oder zu rasten. Mühelos überquert er das Rote Meer und die riesigen Wüstengebiete. Vor Jahren beobachteten Schiffskapitäne sogar einen Heuschreckenschwarm mitten über dem Atlantik, 2400 Kilometer von der afrikanischen Küste entfernt, mit Kurs auf Südamerika. Dann kam allerdings ein Sturm auf und vernichtete die Tiermassen vollständig. Im Lauf der Monate kann ein Schwarm vom Iran aus Ägypten erreichen, über Äthiopien nach Südafrika ziehen, von dort Westafrika heimsuchen und schließlich wieder in Ägypten einfallen.

Nähert sich solch ein Schwarm, »ward verfinstert die Sonne«, um mit den Worten der Bibel zu sprechen. Der Anflug dauert sechs bis zehn Stunden lang. Dann prasselt es hernieder wie ein Hagelschlag. Eine knietiefe Schicht Insektenleiber krabbelt und brodelt auf den Straßen, in Höfen und Gärten und auf dem Land, »daß man von ihm nichts mehr sehen kann«.

Auch die Offenbarung des Johannes zeichnet das Schreckensbild einer Heupferdinvasion, und zwar in der apokalyptischen Höllenvision des Weltunterganges: »Und der fünfte Engel posaunte. . . . Und aus dem Rauch kamen Heuschrecken auf die Erde. . . . Und die Heuschrecken sind gleich Rossen, die zum Kriege gerüstet sind, . . . und hatten Panzer wie eiserne Panzer, und das Rasseln ihrer Flügel war wie das Rasseln der Wagen vieler Rosse, die in den Krieg laufen.«

Palmen brechen unter der tonnenschweren Insektenlast mit peitschenartigem Knall. Die Heuschreckenmassen wälzen sich sogar durch die Türen und Fenster und »füllen die Häuser«. Babys ersticken in ihren Betten unter der Ekelschicht der Tierleiber.

»Und sie fraßen alles, was im Lande wuchs, und alle Früchte auf den Bäumen, die der Hagel übriggelassen hatte, und ließen nichts Grünes übrig an den Bäumen und auf dem Felde in ganz Ägyptenland.«

In nüchternen Zahlen: Eine Heuschrecke frißt pro Tag ihr Eigengewicht, also zwei Gramm, an Pflanzennahrung. Für den ganzen Schwarm summiert sich das auf 100 000 Tonnen Grünzeug. Fällt er in eine Oase ein, wird binnen weniger Minuten die gesamte Vegetation zerschnitzelt und in einen Kotteppich verwandelt. Noch in jüngster Zeit haben die »Zähne des Windes«, wie sie der Koran nennt, die Getreideernte weiter Landstriche völlig vernichtet, Weinberge und Zitrusplantagen entlaubt, Zuckerrohrfelder in Wüste verwandelt. Es ist, als würden 500 000 hungrige Elefanten eine fünfzig Kilometer breite Schneise der Vernichtung und der verbrannten Erde durch das Land ziehen. Armut, Hunger, Krankheit, Elend, Not und Tod brechen über die Menschen herein. Sogar die Ratten und Mäuse müssen sterben, weil sie nichts mehr zu fressen finden.

Das milliardenfache Leben der Wanderheuschrecken erwächst paradoxerweise gerade dort, wo sonst überhaupt kein Leben zu finden ist: mitten in der Wüste, um von hier aus wiederum milliardenfach Leben zu vernichten und die Wüste zu vergrößern. Wahrlich ein apokalyptisches Phänomen!

Das Entstehen der Gottesgeißel grenzt an ein mephistophelisches Wunder.

Zunächst sind die Wüstenheuschrecken unscheinbare Einzelgänger. Sogar ein Wanderer, der zu Fuß die Wüste durchquert, nimmt sie in einem Wadi, einem ausgetrockneten Flußbett, kaum wahr, da sie sich tagsüber vor der Sonne verkriechen und nur in der Dämmerung ein wenig auf der Suche nach spärlichen Grassamen umherhüpfen.

Daß hier überhaupt etwas leben kann, erscheint uns schon höchst unwahrscheinlich. Dennoch wissen diese Insekten ihr Leben inmitten der Sahara oder der Arabischen oder der Persischen Wüste gegen glühende Hitze, grimmige Kälte, Hunger und Durst mit zahlreichen kleinen Naturwundern zu erhalten.

Zum Beispiel brauchen sie kein Wasser zu trinken. Sie haben nämlich ihr eigenes »Wasserwerk« in sich. Sie verbrennen Zuckeranteile in strohtrockener Nahrung, wodurch im Inneren des Körpers immer Wasser entsteht. Auch beim Menschen ist das so. Aber wir hauchen dieses Wasser beim Atmen gleich wieder aus. Nicht so hingegen die Wüstenheuschrecke. Sie fängt das Abfallprodukt »Atmungswasser« noch in ihrem Leib auf und führt es als »Trinkwasser« den inneren Organen zu. Deshalb braucht sie inmitten der heißesten Wüste nichts zu trinken.

Hinzu kommt etwas mindestens ebenso Erstaunliches: eine »innere Wetterwarte«. Wahrscheinlich ist dies ein Sinn für Luftdruckschwankungen ganz besonderer Art. Diese »Wetterwarte« sagt den Tieren, wenn es in Entfernungen von bis zu 300 Kilometern irgendwo einmal etwas regnet. Man möchte es für ein Märchen halten, aber es ist eine wissenschaftlich erwiesene Tatsache: Die Heuschrecken schwirren als Einzelflieger in der Nacht in das Regengebiet und strömen dort von allen Seiten zu Tausenden zusammen.

In dieser nach einem sogenannten Punktregen mitten in der Wüste plötzlich üppig sprießenden Pflanzenwelt geht die erste fast magisch zu nennende Veränderung in den Tieren vor sich. Bisher lebten sie in der sogenannten »verzögerten Pubertät«. Ihre Jugendzeit verlängerte sich über viele Monate. Sie wuchsen nicht, sie wurden nicht geschlechtsreif. Solange die Trockenheit anhielt, stand die Uhr ihres Lebens im spärlichen Dahinvegetieren nahezu still.

Doch sobald die Heuschrecken in der hervorsprießenden Vegetation des Regengebietes angekommen sind, zündet in ihrer bislang träge dahinschwelenden Lebensglut gleichsam eine Stichflamme. Nach dem Verzehr des ersten frischen Grüns erlangen alle hier versammelten Tiere binnen weniger Stunden die Geschlechtsreife, ganz gleich, wie alt sie sind.

Sofort halten sie eine Massenhochzeit. Jedes Weibchen legt etwa hundert Eier, und zwar dorthin, wo Artgenossinnen mit Düften signalisieren, daß sie eine optimale Bodenfeuchtigkeit gefunden haben. So liegen unzählige Eier nicht nur an der günstigsten Stelle im Sandboden, sondern auch dicht an dicht.

Drei Wochen später ist die Wüstenregion schon wieder unter der sengenden Sonne vollständig ausgedörrt. Aber diese kurze Zeit hat vollauf genügt, die gesamte Brut im Schnellverfahren zu perfekten Vollinsekten heranwachsen zu lassen. Eine erstaunliche Anpassung des Wachstums- und Alternsprozesses an die Gegebenheiten der Wüste!

Zugleich ist ein Kleinschwarm entstanden. Mit diesen Tieren geht abermals eine seltsame Verwandlung vor sich. Der ständige Körperkontakt in der wimmelnden Masse erzeugt in den Schrecken eine Art Streß. Hormone ergießen sich in die Körpersäfte. Sie bewirken, daß die zunächst nur acht Millimeter kleinen flugunfähigen Larven oder Nymphen zu Wesen heranwachsen, die überhaupt keine Ähnlichkeit mehr mit ihren Eltern haben. Sie werden erheblich größer und bekommen eine ganz andere Körperform und -farbe.

Auch ihr Verhalten ist ganz anders, geradezu konträr. Waren die Eltern zänkische Einzelgänger, die sich, abgesehen von der Paarung, stets aus dem Wege gingen, so lieben die Kinder der »Boomgeneration« das Leben in der Masse. Jeder tut nur das, was alle anderen auch tun: fressen, ruhen, fliegen und sich paaren. Sie sind das Musterbeispiel eines perfekten Massenwesens.

Im einzelnen geht das folgendermaßen vor sich: Sobald auf einem Gelände von der Größe eines Fußballfeldes mehr als 100 000 Tiere beisammen sind, setzt ein Masseneffekt ein, beginnt ein »Zauber« zu wirken, der zur Folge hat, daß nunmehr explosionsartig noch viel größere Massen hervorgebracht werden. Alle drei Wochen verfünfzigfacht sich die Volksmenge. Aus den 100 000 werden 5 Millionen, aus diesen 250 Millionen, und schon nach zwei Monaten sind es bereits 7,5 Milliarden — sofern der Wind die Tiere in Gegenden mit ausreichend Pflanzenwuchs leitet.

Bereits diese Schilderung läßt erkennen, weshalb auch heute noch trotz modernster Satelliten-Beobachtungstechnik und giftstäubender Luftflotten die Urgewalt der achten biblischen Plage noch immer ungebrochen wüten kann. Der Keim des Unheils ist nie zu entdecken. Es geht alles blitzschnell, und innerhalb kurzer Zeit haben die Schwärme so gewaltige Dimensionen angenommen, daß eine Vernichtung nicht mehr möglich ist. Krieg und Bürgerkrieg tun in Afrika ein übriges, eine rechtzeitige Bekämpfung zu verhindern. Sind die »apokalyptischen Heupferde« durch nichts aufzuhalten? Selbst eine Art von Naturkatastrophe, können sie nur durch Naturkatastrophen vernichtet werden: etwa durch lange Trockenzeiten. Dabei wird der Erdboden so hart, daß die Nymphen, wenn sie in zehn Zentimetern Tiefe aus dem Ei schlüpfen, sich nicht durch die verhärtete Erdkruste bis an die Oberfläche emporarbeiten können. Zwar vermögen sie es, bei Dürre einige Monate im Ei auszuharren und auf den nächsten Regen zu warten. Aber wenn dieser zu lange auf sich warten läßt, ist es vorbei. Das Milliardenvolk wird lebendig begraben, bis ganz wenige und vereinzelte Überlebende dereinst die ungeheuerliche Bevölkerungsbombe erneut zünden.

Oder die Vernichtung geschieht auf die Art, die die Bibel beschreibt: »Da wendete der Herr den Wind, so daß er sehr stark aus Westen kam; der hob die Heuschrecken auf und warf sie ins Schilfmeer, daß nicht eine übrigblieb in ganz Ägypten.«

Diese Worte der Heiligen Schrift sind auch für die kommenden Ereignisse des Exodus von großer Bedeutung. Es geht um die vieldiskutierte Frage, was eigentlich unter dem »Schilfmeer« zu verstehen ist. Wenn Tanis die Hauptstadt Ägyptens war, was seit neuerer Zeit außer Zweifel steht, wenn als Schauplatz jene Region anzusehen ist, in der die Israelis damals lebten, nämlich das Nildelta, und wenn der Wind aus Westen wehte, wie es in der Bibel steht, vielleicht auch ein wenig aus Westsüdwest, dann kann das »Schilfmeer« nur einer der großen Brackwasserseen gewesen sein, mit denen das Nildelta an das Mittelmeer grenzt, heute als Bahra el Manzala und Sabkhet el Bardawil bezeichnet.

Und wenn diese Folgerung richtig ist, kann sich die Flucht des Volkes Israel durch das Meer nur dort zugetragen haben.

Eine Insel fliegt in die Luft
Drei Tage Finsternis über Ägypten

Trotz der furchtbaren Verheerungen durch die Heuschreckenplage: Den zoologisch erstaunlich gut bewanderten Weisen des Pharao mag dies alles zwar als katastrophal, jedoch als ein ganz natürlich zu erklärender Vorgang erschienen sein. Sie übersahen vermutlich das eigentliche Wunder: Der Herr schickte den Riesenschwarm mit dem Wind gerade in dem Augenblick nach Ägypten, in dem er seine Rolle als achte Plage zu spielen hatte.

So gesehen, waren es gerade die biologischen Kenntnisse der Weisen des Pharao, die sie paradoxerweise mit Blindheit schlugen — ähnlich, wie auch heute noch viele Naturwissenschaftler vor lauter »Weisheit« den Kern der Dinge nicht sehen können.

Es mußte also noch ein Wunder geschehen, um die Menschen von der Existenz Gottes zu überzeugen: »Und Mose reckte seine Hand gen Himmel. Da ward eine so dicke Finsternis in ganz Ägyptenland drei Tage lang, daß niemand den anderen sah noch weggehen konnte von dem Ort, wo er gerade war, drei Tage lang.«

Es stellt sich die Frage, was das für eine Finsternis gewesen sein könnte? Einen verblüffenden Anhaltspunkt fanden Professor Daniel Stanley und Dr. Harrison Sheng vom weltberühmten Smithsonian-Institut in Washington zu Beginn des Jahres 1986. Sie hatten im nordöstlichen Nildelta, also genau dort, wo sich zu biblischen Zeiten die ägyptische Hauptstadt befand, mehrere Bohrungen niedergebracht.

Zunächst förderten sie nur Nilschlamm zutage. Doch plötzlich, in 35 Metern Tiefe, stießen sie auf eine dicke Schicht Asche. Nähere Untersuchungen ergaben, daß diese Asche dieselbe Zusammensetzung besitzt wie jene, die seinerzeit der Inselvulkan Santorini, griechisch auch Thera genannt, bei seinem gigantischen Ausbruch in den Himmel geschleudert hatte.

Diese Vulkanexplosion war die gewaltigste, die sich seit Menschengedenken ereignet hatte. Die Eruption des Krakatau, zwischen den Inseln Sumatra und Java gelegen, war anno 1883 nur ein Kinderspiel dagegen. Dennoch schleuderte der Krakatau solche Aschenmassen in den Himmel, daß diese um den Erdball kreisten und noch im weit entfernten Europa wochenlang ein rubinfarbenes Abendrot hervorriefen.

Der Ausbruch des Thera im Süden des Ägäischen Meeres war nach Schätzungen von Geologen vier- bis zehnmal so gewaltig wie der des Krakatau. Praktisch wurde eine ganze Insel in die Luft gejagt. Heute sind nur noch der Kraterrand mit einem lichten Durchmesser von sieben bis zehn Kilometern und die Spitze des Zentralkegels als Inselgruppe über dem Wasser zu sehen. 13 bis 18 Kubikkilometer (!) Asche sollen damals fortgeschleudert worden sein.

Wir wissen heute mit Bestimmtheit, daß zur Zeit des Ausbruchs Nordwestwind geherrscht hat, denn der Aschenregen fiel nur auf Ostkreta, Rhodos, Karpathos und andere kleine Inseln im Südostsektor von Thera. Und in dieser Richtung liegt auch das Nildelta, und zwar in einer Entfernung von nur 800 Kilometern. Aus all diesen Dingen schließen die amerikanischen Forscher, daß die Aschenwolke des Thera bis weit nach Ägypten hineingereicht hat und somit der Ausbruch des Vulkans die Ursache für die dreitägige Finsternis der neunten ägyptischen Plage gewesen sein könnte.

Wie passen diese Anhaltspunkte nun zeitlich zusammen? Die Aschenschicht in den Bohrkernen aus dem Nildelta hat ein Alter, das irgendwo zwischen 3600 und 3500 Jahren liegt. Die Thera-Explosion wird von Vulkanologen auf die Zeit vor 3600 bis 3400 Jahren datiert. Das stimmt also überein.

Um den Zeitpunkt genauer zu bestimmen, zogen Historiker ein geschichtliches Datum zu Rate: den Untergang einer Hochkultur auf der Insel Kreta, die archäologisch als »Spätminoisch I A« bezeichnet wird. Ausgrabungen haben Bauwerke aus dieser Zeit zutage gefördert, die seltsamerweise keinerlei Spuren von kriegerischer Zerstörung oder Brandschatzung aufwiesen. Dies gilt als Indiz, daß Kreta nicht von einer fremden Armee erobert worden ist. Vielmehr könnte eine riesige Flutwelle, die beim Thera-Ausbruch entstand, die gesamte kretische Flotte vernichtet haben, also die »hölzernden Mauern« des Inselstaates. In der

Folge davon könnte die Insel mit einem Schlage ihrer gesamten Verteidigungsmacht beraubt worden und Feinden zur leichten Beute anheimgefallen sein.

Dieses historische Ereignis fand vor ziemlich genau 3500 Jahren statt. Das würde in den eben erwähnten Zeitabschnitt hineinpassen. Danach wäre also auch die ägyptische Finsternis um etwa 1500 v. Chr. zu datieren. Nur leider deckt sich dies nicht mit der Regierungszeit des Pharao Thutmosis III. Er lebte gut hundert Jahre später.

Haben die Kinder Israel also doch nicht so lange unter ägyptischer Knechtschaft gelebt? Die Vertreibung der Hyksos-Herrscher aus dem Land hat um das Jahr 1552 v. Chr. stattgefunden. Damit begann, wie schon geschildert, das harte Los der Juden. Sollten sie sich vielleicht schon nach etwa fünfzig Jahren mit ihrem Exodus davon befreit haben? Dann jedoch wäre Thutmosis I., der von 1505 bis 1493 v. Chr. regierte, derjenige Pharao gewesen, von dem in der Bibel die Rede ist.

Eine allesverheerende Flutwelle
Die Flucht durchs Meer

Wenn man als Naturwissenschaftler in der Bibel forscht, ist man versucht, die Wunder in zwei Kategorien zu unterteilen, in solche zweiten Grades und in solche ersten Grades: in naturwissenschaftlich erklärbare und in jene im Himmel und auf Erden, von denen sich unsere Schulweisheit nichts träumt; in Wunder, denen ein Naturwunder, ein Geniestreich der Schöpfung, zugrunde liegt, und in Dinge, vor denen wir nur voller Ehrfurcht staunend schweigen sollten.

Zu letzteren gehört bis heute das Passawunder, die zehnte, letzte und schrecklichste Plage Ägyptens, nämlich der Tod jeglicher Erstgeburt bei Mensch und Tier über Nacht, das Volk der Juden ausgenommen.

Es erscheint ganz folgerichtig, daß es erst dieses urgewaltigen, unerklärlichen Aktes bedurfte, um die Gelehrten und Magier des Pharao das Grausen vor der Macht Gottes zu lehren. Und nicht von ungefähr ließ der König die Kinder Israel nun nicht nur ziehen, sondern trieb sie, mit Geschenken überhäuft, aus dem Lande. Nicht jedoch, ohne in seiner wankelmütigen Art seinen Sinn binnen kurzem abermals zu wandeln und den Flüchtlingen Truppen nachzusenden, die sie wieder einfangen sollten.

Über den Fluchtweg des Exodus ist viel gerätselt worden, obgleich in der Bibel alles sehr genau aufgezeichnet ist. Die größte Verwirrung stiftete vormals die falsche Ansicht, die ägyptische Hauptstadt sei mit dem späteren Memphis südlich von Kairo (das es damals noch nicht gab) identisch. Dann könnte die Flucht nur in Richtung Osten durch den Nordzipfel des Roten Meeres, genauer: des Golfes von Suez, geführt haben.

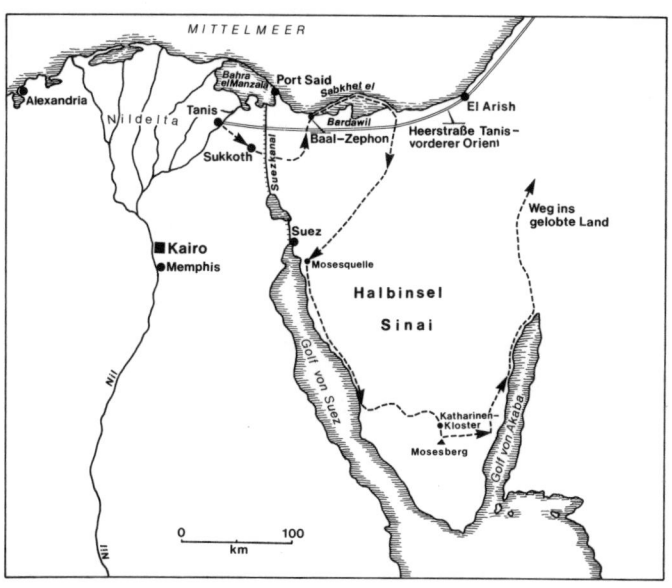

Aber die Bibel erwähnt mit keinem Wort das Rote Meer. Sie spricht vielmehr vom »Schilfmeer«. Historiker glaubten lange Zeit, der Golf von Suez habe früher »Schilfmeer« geheißen. Aber dort gab und gibt es nur Felsen-, Korallen- und Sandküste, nirgends Schilf.

Auch stürzt das Meer dort steil bis in Tiefen von hundert Metern ab. Höchst unwahrscheinlich also, daß die Kinder Israel hier trockenen Fußes hindurchgekommen wären.

Verfolgen wir also einmal den Weg, wie ihn die Bibel beschreibt: »Also zogen die Kinder Israel aus, von Ramses (also von Tanis, das erst 100 Jahre später in ›Ramses‹ umbenannt wurde) nach Sukkoth.« Demnach muß ihr Weg zunächst in südöstliche Richtung geführt haben, denn dieser Ort lag westlich eines kleinen Sees, durch den sich heute der Suezkanal zieht.

Doch dann, so heißt es weiter, machten sie einen Umweg durch die Wüste, um den Truppen des Pharao zu entkommen, und gelangten vor Baal-Zephon. Dieses aber lag bei der heutigen Oase Romam genau dort, wo eine lange Nehrung ins Mittelmeer hinausläuft und dort eine Brackwasserlagune umschließt. Deren Ufer steht voller Schilf. Das muß das »Schilfmeer« gewesen sein. Es gibt keine Alternative.

Die schmale Nehrung ist an drei Stellen durchbrochen, an denen Meerwasser in die Lagune dringt. Hier könnte sich der »Durchzug durchs Schilfmeer« abgespielt haben: »Als nun Mose seine Hand über das Meer reckte, ließ es der Herr zurückweichen durch einen starken Ostwind die ganze Nacht und machte das Meer trocken, und die Wasser teilten sich. Und die Kinder Israel gingen hinein mitten ins Meer auf dem Trockenen... Und die Ägypter folgten und zogen hinein ihnen nach, alle Rosse des Pharao, seine Wagen und Männer, mitten ins Meer.«

Aber dann brachte der Herr einen Schrecken über die Ägypter und ließ die Räder ihrer Wagen in den Schlick sinken, »daß sie nur schwer vorwärtskamen«. Als die Israelis wieder festen Boden erreicht hatten, »reckte Mose seine Hand aus über das Meer, und das Meer kam gegen Morgen wieder in sein Bett ... und bedeckte Wagen und Männer, das ganze Heer des Pharao, das ihnen nachgefolgt war ins Meer, so daß nicht einer von ihnen übrigblieb«.

Was mag das Zurückweichen und Wiederkommen des Wassers bewirkt haben? Ebbe und Flut sind im Mittelmeer viel zu gering, um als Erklärung zu dienen. Auch der Ostwind allein vermag solches nicht. Aber es gibt eine schlüssige Deutung: eine von einem Seebeben hervorgerufene verheerende Flutwelle, die heute unter dem japanischen Namen »Tsunami« bekannt ist.

Auf hoher See kaum wahrzunehmen, macht sie sich an der Küste folgendermaßen bemerkbar: Etwa vierzig Minuten vor dem Eintreffen der allesvernichtenden Wassermassen zieht sich das Meer durch die Saugwirkung des Seebebens langsam und geräuschlos vom Ufer zurück. Es entsteht so etwas wie eine Super-Tiefst-Ebbe. Hierdurch kann das Wasser an der Durchlaßstelle zurückgetreten sein, so daß die Israelis trockenen Fußes auf die andere Seite des engen Nehrungsdurchbruchs laufen und die ägyptischen Truppen ins »Watt« hineinmarschieren konnten.

Dann aber, als die Flüchtlinge in Sicherheit und die Feinde noch auf dem Meeresboden festgefahren waren, kam die Flutwelle »wie eine Mauer« und stürzte sich über die Soldaten. »Und sie sahen die Ägypter tot am Ufer des Meeres liegen.«

Im Pazifischen Ozean kann ein Tsunami eine Höhe von 35 Metern erreichen. Im Mittelmeer ist dieses Naturereignis hingegen sehr selten, aber vereinzelt mehrfach hintereinander aufgezeichnet worden. Zum Beispiel wissen wir, daß es nach dem Vulkanausbruch des Thera eine Reihe von Nachbeben gegeben hat. Auch südlich Kretas riß eine riesige Spalte im Meeresboden auf, was eine Flutwelle ausgelöst haben muß, die weite Gestade des Mittelmeeres verwüstete.

Aber so schlimm braucht im Fall des Exodus der Tsunami gar nicht gewesen zu sein. Ein Ereignis erheblich geringeren Ausmaßes hätte bereits genügt, dem Willen des Herrn Geltung zu verschaffen.

Vogelschwärme über der Wüste
Das Wachtelwunder

Nach der wundersamen Errettung der Kinder Israel
vor den Heerscharen des Feindes führte der Exodus
nicht auf kürzestem Weg in das Gelobte Land, denn
ständig waren die Truppen des Pharao zu den nahöst-
lichen Kriegsschauplätzen unterwegs. Hier auch lag
das Land anderer feindlicher Völker. So gab es nur eine
Alternative: die Wüste Sinai.
Doch wie sollten sich die Flüchtlinge in der Wüste ernähren? Der Hunger der Volksmassen war groß.
Schon begannen viele zu murren und sich nach den
»Fleischtöpfen Ägyptens« zurückzusehnen. Der Herr
jedoch ließ die Seinen nicht im Stich: »Und am Abend
kamen Wachteln herauf und bedeckten das Lager.«
Nun, es mag göttliche Fügung gewesen sein, daß das
Lager der Juden genau auf der Zugstraße lag, auf der
zu biblischen Zeiten alljährlich im Herbst und im
Frühling Millionen und Abermillionen von Wachteln
von Eurasien nach Äthiopien zogen und wieder zurück: jene winzigsten unserer Hühnervögel und jene
einzigen unter ihnen, die Weltreisen unternehmen. Sie
wiegen höchstens 125 Gramm, und an ihnen ist also
praktisch »nichts dran«. Aber die Menge glich das aus.
Früher traten diese Vögelchen in heute unvorstellba-

ren Massen auf. Außerdem galten und gelten sie als Delikatesse. Noch 1920 führte Ägypten drei Millionen Stück für die Feinschmecker in europäischen Ländern aus. Gegenwärtig sind sie aus diesem Grund viel seltener geworden.

So ein reisender Schwarm erhebt sich schwirrenden Fluges in der Abenddämmerung, um nur während der Nacht und in der geringen Höhe von wenigen Metern dem fernen Reiseziel entgegenzustreben. Über der Wüste steuern sie nach dem Stand der Sterne. Wie sie das vollbringen, ist schon ein großes Wunder.

Aber kamen nach den Worten der Bibel die Wachteln nicht gerade am Abend herauf und gingen im Lager nieder? Was könnte sie zu diesem höchst ungewöhnlichen Verhalten bewogen haben?

Italienische Vogelfänger tarnen sich in einem Busch, und wenn sie dann einen Schwarm in der Dunkelheit erkennen, imitieren sie den Liebeslockruf der Wachtelweibchen. Daraufhin landen alle Männchen und verfangen sich in den ausgelegten Netzen. Aber dieser Trick klappt nur kurz vor Erreichen der Brutplätze, also nur in der letzten Phase des Frühjahrszuges. Im Fall des ersten biblischen Wachtelwunders handelte es sich zwar um den Zug in Richtung Norden, aber die Tiere waren noch viel zu weit von ihren Brutplätzen und blind-triebhafter Balzlust entfernt.

Uns hilft aber eine andere Beobachtung weiter. Wie der weltweit als Vogelzugforscher bekannte Ludwigsburger Professor Ernst Schüz mitteilt, gingen noch in den dreißiger Jahren mitten in der Nacht große Wachtelschwärme in deutschen Städten nieder, und die Vöglein hüpften dann den Tag über dort umher, um erst am folgenden Abend wieder zu starten.

Genaue Untersuchungen ergaben etwas Seltsames. Die Vögel, die nach dem Stand der Sterne navigieren, ließen sich von den Lichtern der Stadt, die sie zufällig überflogen, völlig irritieren. Deshalb gingen sie nieder. Was also liegt näher, als anzunehmen, daß es im Fall des Exodus die Lagerfeuer der Israelis waren, die die Wachtelgeschwader vom Himmel »regnen« ließen, als wären es die gebratenen Tauben des Schlaraffenlandes?

So weit die Geschichte des ersten Wachtelwunders, wie sie das zweite Buch Mose beschreibt. Aber das ist noch nicht alles, denn im vierten Buch Mose wird ein ganz ähnlicher Fall geschildert, nur daß hier die Kinder Israel eher ihr »blaues Wunder« erlebten.

Moses hatte den Aufbruch seines Volkes vom Lager am Berge Sinai (heute Mosesberg) ins Gelobte Land angeordnet. Doch ob der zu erwartenden Strapazen murrte das Volk und wurde aufsässig. Da beschloß der Herr, es zu strafen: »Da erhob sich ein Wind, vom Herrn gesandt, und ließ Wachteln kommen vom Meer und ließ sie auf das Lager fallen, eine Tagereise weit rings um das Lager, zwei Ellen hoch auf der Erde.« Die hungrigen Wüstenreisenden sammelten sie ein und brieten sie. »Als aber das Fleisch noch zwischen ihren Zähnen war und ehe es ganz aufgebraucht war, da entbrannte der Zorn des Herrn gegen das Volk, und er schlug sie mit einer sehr großen Plage. Daher heißt die

Stätte ›Lustgräber‹, weil man dort das lüsterne Volk begrub.«

Der 78. Psalm akzentuiert das Geschehen noch dramatischer: »Er ließ Fleisch auf sie regnen wie Staub und Vögel wie Sand am Meer; mitten in das Lager fielen sie ein, rings um seine Wohnung her. Da aßen sie und wurden sehr satt; und was sie verlangten, gewährte er ihnen. Sie hatten ihr Verlangen noch nicht gestillt, ihre Speise war noch in ihrem Munde, da kam der Zorn Gottes über sie und brachte die Vornehmsten um und schlug die Besten in Israel nieder.«

Kurz: Beim ersten Wachtelwunder wurden die Vögel zum Retter in der Hungersnot, beim zweiten erkrankten alle, die von den Wachteln aßen, und viele von ihnen mußten sterben.

Was war geschehen? Über Vergiftungen durch Wachtelfleisch ist seit Jahrtausenden gerätselt worden. Ärzte bezeichnen diese lebensgefährliche Erkrankung als *Coturnismus* nach dem lateinischen Namen des Vogels *Coturnix coturnix*. Schon Aristoteles erwähnt sie. Plinius berichtet, daß zu seiner Zeit anno domini 70 Wachteln vom Speisezettel der reichen Römer verbannt wurden, weil immer wieder und ganz unberechenbar rätselhafte Todesfälle nach dem Genuß dieser Vögel auftraten.

Nichts anderes geschah zum Beispiel am 3. Mai 1978: Auf dem Supertanker »Star of Bahrein«, der durch das Mittelmeer fuhr, schrillte morgens um vier Uhr das Bordtelefon: »Käpt'n, kommen Sie schnell auf die Brücke! Ganze Vogelgeschwader greifen uns an!«

Als Kapitän James Reed an Deck stürzte, fuhr ihm der Schreck in die Knochen. Ähnlich wie in Alfred Hitchcocks Gruselfilm »Die Vögel« war hier das Deck von einer einzigen hüpfenden, schreienden Vogelmasse überschwemmt. Durch Fenster und Luken quoll es in die Maschinenräume und Kabinen, und ständig landeten neue Geschwader von Wachteln.

Der Grund für diesen »Überfall« wurde bald ersichtlich: Aus Nordnordwest fegte ein Sturmtief heran. Die weltreisenden Wachteln hatten es bereits vor den Seeleuten erkannt und suchten auf dem Schiff Zuflucht vor dem Unwetter. Als der schlimmste Sturm überstanden war, gingen einige Matrosen los, »Frischgeflügel für die Kombüse« zu besorgen.

Doch zwölf Stunden nach der Mahlzeit war an Bord der Teufel los. Fast alle Besatzungmitglieder litten unter »schwerer Seekrankheit«. Atembeschwerden und Sprachstörungen kamen hinzu, die Gliedmaßen wurden gefühllos, schließlich trat Lähmung ein. Drei Seeleute starben. Wie ein Geisterschiff trieb der Tanker vor Neapel umher.

Der Schiffsarzt, selbst schwerkrank, diagnostizierte »Wurstvergiftung«. Aber das Fleisch konnte gar nicht frischer sein!

Bis zum Jahr 1980 glaubten Zoologen, die Wachteln hätten das Gift zuvor mit der Nahrung, etwa den Samen des Schierlingskrautes (mit einem Sud davon mußte einst Sokrates Selbstmord begehen!), aufgenommen. Dann müßten die Vögel gegen dieses Gift immun sein. Das sind sie aber nicht, wie Professor

Louis E. Grivetti, Ernährungswissenschaftler an der Universität von Kalifornien, herausgefunden hat. Schon ein Zehntelgramm Schierlingssamen tötet sie, und sie rühren dieses Kraut auch gar nicht an.

Die Entstehung des Giftes im Wachtelfleisch ist viel sonderbarer: Immer dann, wenn diese Vögel auf ihrer Weltreise in höchste Lebensgefahr geraten, erzeugt der Streß, unter dem sie in ihrer Panik stehen, Giftstoffe im Muskelfleisch. Das ist heute eine erwiesene Tatsache.

So verhielt es sich im Fall des Supertankers im Sturm, vor dem sich die Wachteln unter Aufbietung ihrer letzten Kräfte an Bord retten konnten.

Zudem ergaben Untersuchungen des Forschers folgendes: Meldungen über Vergiftungen durch Wachtelfleisch stammen aus Marokko und Spanien nur während des Frühjahres, also wenn die Vögel auf ihrer Reise nach Norden über der Sahara einem Sandsturm entfliehen oder über dem Mittelmeer einem »normalen« Orkan mit letzter Mühe und Not entkommen müssen. Gleiche Nachrichten stammen aus der Türkei und aus Ägypten nur während des Herbstes, wenn auf der dortigen Zugroute Unwetter aufkommen. Im Frühjahr ist dort kaum mit Vergiftungen zu rechnen, weil der Vogelzug von Äthiopien über den Sudan nach Ägypten immer nur den Nil entlangführt, wo die Tiere ungefährdet sind.

Hieraus läßt sich rekonstruieren, daß sich das erste Wachtelwunder der Bibel im Frühjahr abgespielt haben muß, als die Vögel sorglos gereist und giftfrei waren. Das zweite Wachtelwunder jedoch, als Strafe von Gott gesandt, muß sich im Herbst ereignet haben.

Aus der Schilderung im Buch Numeri (». . . und ließ sie auf das Lager fallen, eine Tagereise weit rings um das Lager, zwei Ellen hoch auf der Erde . . .«) geht auch hervor, daß die Vögel im zweiten Falle nicht durch das Licht der Lagerfeuer irritiert niedergingen, sondern daß sie wahrscheinlich, von einem Sandsturm erfaßt und ausgedörrt, auf die Erde gestürzt sind.

Zikaden erzeugen das »Brot der Engel«
Das Mannawunder

Doch das Fleisch des ersten Wachtelwunders war nicht das einzige, womit der Herr sein Volk in der Wüste nährte: »Gegen Abend sollt ihr Fleisch zu essen haben und am Morgen von Brot satt werden. . . . Und am Morgen lag Tau rings um das Lager. Und als der Tau weg war, siehe, da lag's in der Wüste rund und klein wie Reif auf der Erde.« Es war das Manna, das »Brot der Engel«, wie es im 78. Psalm genannt wird. Was ist das, »Manna«? Die Herkunft des Wortes erklärt bereits die Bibel: »Und als es die Kinder Israel sahen, sprachen sie untereinander: »Man hu?« Also: »Was ist das?« Hieraus entstand das Wort »Manna«. Zudem beschreibt es die Bibel auch ganz genau: »Und es war wie weißer Koriandersamen und hatte einen Geschmack wie Semmel mit Honig.« Koriandersamen sind kleine Kügelchen, etwa so groß wie ein Pfefferkorn, also mit einem Durchmesser von drei Millimetern. Worum hat es sich dabei genau gehandelt? Hierüber gibt es heute mindestens fünf Theorien:
Erstens: Das sogenannte Mannabrot, eine bis zu 50 Zentimeter lange würstchenartige, hölzerne Hülsenfrucht des Johannisbrotbaumes *Cassia fistula.* Sie besitzt ein in dropsartige Portionen unterteiltes, süßes

Fruchtmark, das vor dem Zweiten Weltkrieg von Kindern viel gelutscht wurde, aber jetzt aus der Mode gekommen ist aufgrund seiner leicht abführenden Wirkung. Deshalb und auch weil es im Erscheinungsbild der biblischen Beschreibung nicht im mindesten entspricht, können wir es getrost von unserer Liste streichen.

Zweitens: Das sogenannte Mannagras der botanischen Gattung *Glyceria*. In schütteren Rispen bringt es kleine Körnerfrüchte hervor, die auch als Mannagrütze oder Mannagrieß bezeichnet werden. In der Not eignen sie sich für die menschliche Ernährung. Aber diese Gräser wachsen nur auf Feuchtgebieten und an Flußufern, niemals in der Wüste Sinai. Lassen wir also auch sie außer Betracht.

Drittens: Die sogenannte Mannaflechte aus der Gattung der *Lecanora*-Kuchenflechten. Sie ist ein hochspezialisierter Wüstenbewohner. In langen Trockenperioden löst sie sich vom Felsen ab und läßt sich als typische Wanderflechte vom Wind über weite Strecken treiben, bis sie an etwas Feuchtigkeit gelangt und sich dort erneut ansiedelt. Von Zeit zu Zeit bricht ihre Kruste auf, und hervor quillt eine Algenschicht mit Pilzhyphen, die sich zu kleinkörnigen Fruchtkörpern, sogenannten Soredien, verdichten. Seit Urzeiten werden diese »Pilze« von Beduinenfrauen gesammelt, die eine Art Brot daraus backen. Die Kügelchen schmecken mehlig, sind aber nicht süß. Könnten sie trotzdem das Manna der Bibel sein?

Viertens: Der Mannaklee, ein wüstenbewohnender

71

Tamariskenstrauch der Art *Tamarix mannifera*. Aus ihm quillt tatsächlich zu bestimmten Jahreszeiten ein honigfarbener Saft heraus. Er bildet weißliche, etwa drei Millimeter große Perlen, die sich an der Luft verfestigen und über Nacht in Massen auf den Boden fallen. Heute, wie auch schon seit eh und je, sammeln die Frauen der Beduinen diese Süßigkeiten als hochwillkommene Leckerbissen. Diese Ernte muß allerdings in frühester Morgenstunde eingebracht werden, also wenn der »Tau rings um das Lager« liegt. Andernfalls wird dieses Manna von Wüstenameisen weggeholt.

Lange Zeit herrschte Unklarheit darüber, was die Tamariske veranlaßt zu bluten, so daß ihre süßen Säfte auf den Boden tropfen. Jetzt wissen wir, daß die Triebe vom Stich zwei bis drei Millimeter kleiner Schildläuse angezapft werden. Diese Insekten bekamen sofort nach ihrer Entdeckung die passenden Namen: Mannaschildläuse, lateinisch: *Eriococcus mannifer* und *Trabutina mannifera*.

Ihre späte Entdeckung erklärt sich aus ihrer Lebensart. Die winzigen Saftsauger tarnen sich nämlich am Ast oder Zweig, als wären sie eine Art Pocken oder Grind. Ihr mit weißem Wachs überzogener Rückenpanzer, ihr »Schild«, stülpt sich über das ganze Tierchen. Weder Beine noch Kopf sind zu sehen. So wirkt das Ganze nur wie eine kleine zum Strauch gehörende Warze.

Wenn die Schildlaus unter ihrem Panzer mit den Mundwerkzeugen zusticht, sickert ein so starker, süßer Säftestrom aus der Wunde, daß der Urheber nur den kleinsten Teil davon selbst verzehren kann. Unter seinem Leib quillt es hervor und bildet die erwähnten Tröpfchen, die sich verhärten und zu Boden fallen.

Übrigens sind die Mannaschildläuse, wie viele Wüstenbewohner, von unvorstellbarer Fruchtbarkeit. Die Zahl der Nachkommen eines einzigen Weibchens beträgt bei optimalen Bedingungen binnen eines Jahres bis zu dreißig Millionen Kinder und Kindeskinder. Ein von ihnen befallener Strauch ist alsbald von ungeheuren Massen besiedelt. Und dann regnet das Manna zwar nicht vom Himmel, aber vom Busch. Die Ähnlichkeit dieser Erscheinung mit den Angaben in der Bibel ist frappierend.

Fünftens: Die Manna-Esche der Art *Traxinus ornus,* ebenfalls ein Wüstenbewohner. Wie die Tamariske in der Schildlaus ihren Zapfer hat, so hat ihn dieser Baum in der Eschen- oder Mannazikade, *Tettiga orni,* einem etwa vier Zentimeter großen, schrillen Sänger des Insektenreiches.

Nachdem die Wüstenlandschaft monatelang wie ausgestorben dagelegen hat, krabbeln plötzlich eines Tages Millionen von Zikadenlarven aus dem Erdboden, erklettern Bäume, schlüpfen als Vollinsekten aus der Hülle und beginnen mit einem ohrenbetäubenden Zirpkonzert. Gegen Abend schwillt es immer mehr an, »wird gellend, ja brüllend«, wie es ein Ohrenzeuge beschreibt, »um dann im Augenblick des Sonnenuntergangs plötzlich nachzulassen und in jammerndem Ächzen und Orgeln zu ersterben«.

Das Leben dieser Singzikaden besteht aus Musizieren

und Saftsaugen. Im Unterschied zu den Schildläusen können sie auch dickrindige Äste und Stämme anbohren. Jedoch lutschen sie den gesamten Saft in sich hinein. Ähnlich wie Blattläuse entziehen sie dem Nahrungsfluß nur die leicht verdaulichen Eiweißbestandteile. Im übrigen sind sie auf ihre »schlanke Linie« bedacht und scheiden die Süßigkeiten als überflüssige Nebenprodukte wieder aus. Der sogenannte Honigtau wird aus ihrem Hinterleib geradezu herausgespritzt, von vielen tausend Tieren in unglaublicher Menge, so daß der Baum von klebriger Nässe Tag für Tag geradezu tropfen kann.

Wer je seinen Personenwagen unter einem Lindenbaum abgestellt hat und ihn hernach von einer süßlich-klebrigen Schicht eingesprüht wiedergefunden hat, nämlich von den Ausscheidungen unübersehbarer Massen winziger Blattläuse, hat nur ein ganz schwaches Abbild jenes Phänomens vor Augen, das die Mannazikaden in der Wüste hervorzaubern können.

Aber ist es nicht eklig oder gar gesundheitsschädigend, Körperausscheidungen von Insekten zu verspeisen? Nun, dergleichen gibt es heutzutage bei uns in jedem Delikatessengeschäft zu kaufen. Es nennt sich »Tannenhonig« und besteht aus eben jenen süßen Körperausscheidungen von Blattläusen, die auf Nadelbäumen Säfte saugen und von Honigbienen »gemolken« werden. Bienen wie Zikaden veredeln diese Speise sogar noch. Sie mischen Antibiotika hinein, um Krankheitskeime darin abzutöten.

Auch dies ist ein Wunder der Schöpfung: Bienen und

74

Zikaden arbeiten schon seit Urzeiten mit der »Haus-apotheke« selbsterzeugter Antibiotika, während der Mensch diese Arznei erst vor wenigen Jahren für sich entdeckt hat. Deshalb ist der Honig, auch der »Tan-nenhonig«, so gesund. Und deshalb benutzen auch die Beduinen den Mannasaft der Esche als Heilmittel und zur Desinfektion bei der Behandlung von Wunden. Sie streichen das Manna ganz einfach wie eine Salbe über die offene Verletzung.

Fünf Arten von Manna also. Aber welches Manna war jenes, von dem die Bibel spricht? Hierüber kann es na-türlich nur Mutmaßungen geben. Legen wir die Be-schreibung im zweiten Buch Mose zugrunde, so deu-tet alles auf das von der Mannaschildlaus erzeugte hin. Ziehen wir das vierte Buch Mose zu Rate, so könnte es eher das der Mannazikade gewesen sein. Nun ist je-doch an mehreren Stellen der Bibel die Rede von Manna, und es könnte jedesmal durchaus eine andere Form gewesen sein.

Bedenken wir folgendes: Während des vierzig Jahre währenden Zuges der Israelis durch die Wüste ist Manna ihr Hauptnahrungsmittel gewesen, bis zum Überdruß. »Nun aber ist unsere Seele matt, denn un-sere Augen sehen nichts als das Manna.« Hieran ent-zündete sich der Zorn Gottes.

Wahrscheinlich haben die Wüstenreisenden während dieser vierzig Jahre von allen fünf Formen des Manna gezehrt. Somit kann die Bibel auch als erstes Hand-buch der Überlebenskunde in der Wüste gelten.

Der Jahrtausendirrtum
Eine Brücke zwischen Biologie und Religion

Ich muß bekennen, daß ich mit großer Angst die Arbeit an diesem Buch begonnen habe. Mehr als zehn Jahre zögerte ich, es zu schreiben. Wurden Naturwissenschaftler nicht seit den Zeiten eines Giordano Bruno und Galileo Galilei als gottlos verurteilt? Und mäkeln Biologen nicht seit alters her an dem Wahrheitsgehalt der Bibel herum?

Aber je mehr ich studierte und forschte, desto sicherer wurde mir zu meiner eigenen Überraschung die Zuversicht: Und die Bibel hat doch recht!

Die Überraschung war vor allem aus einem Grund besonders groß: Ich hatte nämlich schon früher zwei kleine Bücher verfaßt, in denen ich 66 Redensarten und Sprichwörter, in welchen menschliches mit tierlichem Verhalten verglichen wird, auf der Grundlage der Ergebnisse der modernen Tierverhaltensforschung auf ihren Wahrheitsgehalt untersuchte. Das Ergebnis war für die Gültigkeit der Sprichwörter niederschmetternd.

Noch nie hat ein Krokodil Krokodilstränen vergossen. Daß der Vogel Strauß bei Gefahr seinen Kopf in den Sand steckt, ist eine grobe Lüge. Ein Hase ist weder ein Angsthase, noch schläft er mit offenen Augen. Der

Stier, der rot sieht, glänzt in Wirklichkeit durch Farbenblindheit. Ebensowenig sind Fische wirklich stumm. »Rabeneltern« bewähren sich stets als die aufopferungsvollsten Kinderbetreuer, die man sich im Tierreich denken kann. Lediglich »Nesthäkchen« werden oftmals von ihren Eltern aus dem Nest geworfen. Hunde, die bellen, können sehr schmerzhaft beißen. Weder Esel noch Schwein sind dumm. Aber ein blindes Huhn findet niemals ein Korn. Dies, um nur wenige Beispiele zu nennen.

Sind Sprichwörter nicht die Stimme des »gesunden Volksempfindens«, millionenfach beobachtet und für richtig befunden, zum Allgemeingut gewordene Lebensweisheiten, an deren Triftigkeit niemand im Traum zweifelt? Und doch sind sie zum Großteil falsch. Das stellt der Beobachtungsgabe der Menschen in früheren Zeiten angesichts tierlicher Verhaltensweisen ein denkbar miserables Zeugnis aus. Wobei noch die Frage im Raume stehenbleibt, wieso der »gesunde Menschenverstand« so vieler Beobachter das Falsche für allgemeingültig erklärt.

Und nun in striktem Gegensatz dazu die Aussagen der Bibel aus einer Zeit, die über 3500 Jahre zurückliegt. Jedes Wort erweist sich selbst bei kritischster Prüfung als wahr, auch wenn der »gesunde Menschenverstand« die Dinge für noch so unwahrscheinlich zu halten geneigt ist.

Dabei ist es noch gar nicht so lange her, daß ein berühmter Naturwissenschaftler die Naturdarstellungen des Alten Testaments nicht einmal unfreundlich als

»legendäre Ausschmückung natürlicher Vorgänge«
bezeichnete. Und nun stellt sich heraus, daß nicht das
mindeste ausgeschmückt oder hinzugedichtet worden
ist!

Es schwelt immer noch der alte Gegensatz zwischen
Religion und Naturwissenschaft. Psychologisch ist er
zu erklären aus dem Streben beider Seiten nach dem
Absoluten. Im Besitz der absoluten Wahrheit zu sein
oder in deren Besitz gelangen zu wollen halten beide
für eine Existenzfrage. In der Religion soll es vom
göttlichen Urquell zeugen, in der Naturwissenschaft
gilt es als ein sachliches Postulat.

Nur, und das ist der Unterschied, im Gottesglauben
muß das Wahre a priori, also von vornherein, vorhanden sein, während die Forscher noch ständig auf der
Suche sind.

Die Forderung, nur das Beweisbare als gültig bestehen
zu lassen, hat die Naturwissenschaftler indessen zu
der Ansicht verführt, der Wahrheit bereits in vollem
Umfang teilhaftig zu sein. Doch schaut man sich die
Historie ihrer Disziplinen an, so gewahrt man einen
Weg der Irrungen und Wirrungen. Und wenn ein
Zweig bislang noch herzlich unvollkommen war, so
war dies die Biologie.

Aber je mehr sie in den letzten Jahrzehnten an Erkenntnissen und Wissen sammelte, je näher sie sich
unter Verwerfen alter Vorurteile und Fehler an die ab-
solute Wahrheit heranarbeitete, desto überbrückbarer
wurde die historisch entstandene Kluft, die sie vom
Christentum trennte — nur hat die Biologie das bisher

noch nicht bemerkt, Adolf Portmann und Pierre Teil-
hard de Chardin ausgenommen.

So sind es im wesentlichen auch ganz neue Forschungsergebnisse der Naturwissenschaften, die gegenwärtig die Richtigkeit von Gottes Wort in faszinie-
renden Details zu bestätigen beginnen. Der einstige
Gegensatz zwischen Kirche und Labor erweist sich
somit als Jahrtausendirrtum.

Forscher bestätigen das Bibelwort
Wie auf Adlerflügeln

Ein unter Vogelforschern umstrittenes Bibelwort lautet: »Und Mose stieg hinauf zu Gott. Und der Herr rief ihm vom Berge zu und sprach: ›... Ihr habt gesehen, was ich mit den Ägyptern getan habe und wie ich euch getragen habe auf Adlerflügeln und euch zu mir gebracht.‹«
In der Bibel finden sich stets bildhaft einprägsame Gleichnisse, unter denen sich jedermann etwas vorstellen kann. Was also trägt ein Adler auf seinen Flügeln? Die Vermutung liegt nahe, daß hier die Kinder Israel mit den Kindern des Adlers verglichen werden. Dann müßte der große Greif seine Jungen, etwa, wenn sie den Horst auf steilem Felsen zum ersten Ausflug ihres Lebens verlassen und wenn sie noch schwach und unsicher sind und abzustürzen drohen, auf seinen 2,30 Metern weit ausgebreiteten, im Aufwind bewegungslos segelnden Flügeln landen lassen und gleichsam huckepack vor dem Sturz in den Abgrund retten.
Ein wunderbares Bild, das nur einen Haken hat: Bis vor kurzem hatte noch kein Vogelforscher beobachtet, daß Adler sich auch wirklich so verhalten. Immer, wenn Jungadler bei ihrem ersten Start gesehen wurden, halfen die Vogeleltern ihren Kindern nicht beim

Fliegen. Sie konnten es bereits allein. Allerdings hatte man diese Erstflüge auch nur selten beobachtet. Es erfordert tagelanges Ausharren in der unbequemen Felswand, will man Augenzeuge dieses kurzen Ereignisses werden, das meist sogar in den frühesten Morgenstunden stattfindet.

Da meldete im Frühjahr 1976 der Amateur-Ornithologe Willy Dorsch aus Mülheim (Ruhr) eine seltsame Beobachtung, die zwar keinen Adler, aber einen anderen Greifvogel betraf. Alljährlich brütete ein Turmfalke im Gemäuer einer alten Kirche genau seinem Wohnzimmerfenster gegenüber. Viele Jahre hindurch war der erste Ausflug der Jungen völlig problemlos vor sich gegangen, ohne daß die Vogelmutter helfend eingreifen mußte.

In jenem Jahr aber schien eines der beiden Kinder recht schwächlich zu sein. Viele Stunden lang lockte es die Mutter mit Rufen aus dem Nest heraus. Der kleine Wicht hockte auch auf dem Simsrand, wagte aber den Sprung nicht. Endlich riskierte er es doch, flatterte hektisch mit den Flügeln, begann zu trudeln, fing sich wieder und rauschte dann in einer Art Notlandung voll in die Zweige eines Baumes hinein.

Beim zweiten Start, diesmal vom Ast, torkelte das Junge abermals. In diesem Augenblick schoß die Falkenmutter herbei, breitete die Flügel wie ein Segelflugzeug weit aus, glitt unter ihr Kind, so daß es auf ihrem Rücken wie auf einem Flugzeugträger landen konnte, zog mit der Last wieder elegant in Richtung auf den zweiten Baum und gab zuletzt noch einen kräftigen Schubs nach oben, so daß ihr Kind gerade eben den untersten Ast des Baumes erreichen und sich dort festkrallen konnte.

Seither wissen wir mit Sicherheit: Ein Greifvogel trägt seine Kinder »wie auf Adlerflügeln« — jedoch nur in Ausnahmefällen, wenn es gilt, schwächlichen Jungen doch noch ein Lebensrecht auf dieser Erde zu sichern.

Dieser Entdeckung folgten Beobachtungen anderer. Schon zwei Jahre später berichteten zwei Vogelforscher übereinstimmend, einer aus den Rocky Mountains im Westen der USA und einer aus den österreichischen Alpen, daß sie das gleiche Phänomen beobachtet hätten, und zwar beim Steinadler (der in Amerika Goldadler genannt wird). Das Interessante dabei ist, daß gerade der Steinadler der einzige große Greif ist, der auch in den bis zu 2600 Metern hohen Gebirgsmassiven der Halbinsel Sinai brütet!

Seinen Horst errichtet er hoch oben in einer für Feinde möglichst unzugänglichen Steilwand. Von hier aus braucht das Junge beim ersten Ausflug nur einen kleinen Hops zu machen und die Flügel im richtigen Augenblick weit auszubreiten, um gleich seine ersten Kreise im Hangaufwind zu ziehen. In der Praxis schaffen das jedoch nur die wenigsten auf Anhieb meisterhaft. Viele sind erst etwas unbeholfen, wohl auch ein wenig ängstlich. Vor Aufregung stellt der kleine Flugschüler den Winkel seiner Flügel noch nicht richtig ein, versucht zu rudern, macht dadurch alles nur noch schlimmer und stürzt wie ein Springer, bei dem sich der Fallschirm nicht öffnet, nach unten.

Aber beide Eltern geben Obacht. Spätestens nach einem Sturz von hundert Metern Tiefe oder wenn der Kleine auf einen Felsvorsprung zu trudelt, sind sie gleich zur Stelle. Die Mutter, die körperlich größer als der Vater ist, gleitet unter ihr Kind, fängt es auf und trägt es auf ihren Flügeln an einen sicheren Ort.

Beim zweiten Start klappt dann alles schon viel besser, und beim dritten Versuch ist der junge Vogel schon ein recht perfekter Flieger. Auch später zeigt er sich als durchaus lebenstüchtig. Es wäre also ein Jammer gewesen, hätte er sich ohne Hilfe der Eltern zu Tode stürzen müssen.

Gerade in wüstenähnlichen Regionen wie den Rocky Mountains haben Steinadler-Eltern in manchen Jahren ihre liebe Not, das meist nur einzige Junge im Horst so gut füttern zu können, daß es am Leben bleibt. Viele Adlerkinder leiden in der Hungersnot an Unterernährung und haben dann die geschilderten Startschwierigkeiten. Ohne die Hilfe der Mutter im Sturz wären sie alle verloren. Vermutlich wird es in den Bergen des Sinai nicht anders sein. An einer zweiten Bibelstelle im fünften Buch Mose heißt es treffend: »Wie ein Adler ausführt seine Jungen und über ihnen schwebt, so breitete er seine Fittiche aus und nahm ihn und trug ihn auf seinen Flügeln.«

Somit hat sich jetzt dieses Bibelwort allen früheren Unkenrufen der Vogelforscher zum Trotz in einer noch viel wunderbareren Weise bewahrheitet, als selbst Gutgläubige bislang vermutet haben.

Eine Geheimwaffe jagt Feinde in die Flucht

Hornissen als Bundesgenossen

Bei der Landnahme im Gelobten Land setzten die Israelis eine Waffe mit enormer Durchschlagskraft ein: »Ich will meinen Schrecken vor dir her senden und alle Völker verzagt machen, wohin du kommst, und will geben, daß alle deine Feinde vor dir fliehen. Ich will Angst und Schrecken vor dir her senden, die vor dir her vertreiben die Hewiter, Kanaaniter und Hethiter.« Welcher Art dieser Schrecken war, verraten der hebräische Urtext der Bibel sowie eine Darstellung im Buch über die Weisheit Salomos: Hornissen!
Späteren Übersetzern erschien der Kasus wohl zu unwahrscheinlich, und so setzten sie eine Verallgemeinerung an die Stelle der ursprünglich sehr präzisen Angabe. Dabei haben Historiker inzwischen nachgewiesen, daß in damaliger Zeit der Einsatz von Hornissen-, Wespen- und Bienenschwärmen gegen die Armee der Feinde durchaus gang und gäbe war.
Die Ägypter betrieben schon seit 2500 v. Chr. systematisch Bienenzucht. Statt des Korbes verwendeten sie große, aus Nilschlamm gebrannte Tonröhren. In solchen Röhren wurden auch Hornissen- und Wespenwaben, die frei an den Ästen hingen, mitsamt allen Angehörigen der bis zu 5000 Tiere umfassenden In-

sektenstaaten eingefangen und im Troß der Armee mitgeführt.

Gleich zu Beginn der Schlacht schleuderten die Soldaten diese »explosiven« Geschosse mit Katapulten in die Reihen der Gegner. Die Tonröhren zerbrachen beim Aufprall, die Hornissen, Wespen oder Bienen schwärmten aus, stachen auf alles ein, was sich bewegte, brachten die Phalanx der Feinde in völlige Verwirrung und trieben sie mitunter sogar in die Flucht. Es sind sogar Fälle überliefert, in denen die bloße Androhung, Hornissen einzusetzen, den Feind zu kopfloser Flucht veranlaßte.

Die moralische Wirkung muß eine ungeheure gewesen sein. Tote hingegen gab es kaum zu beklagen. Es heißt zwar, drei Hornissenstiche könnten genügen, um einen Menschen zu töten. Neuesten Forschungsergebnissen zufolge trifft das jedoch nicht zu. Der Hornissenstich ist zwar viel schmerzhafter als der einer Wespe, aber davon abgesehen ist das Gift eher harmloser. Wahrscheinlich braucht es mindestens hundert Stiche, um einen Menschen zu töten. Also war dies eine zwar schreckenverbreitende, aber doch vergleichsweise humane Waffe, wahrhaft würdig einer Armee Gottes.

Hinzu kam, daß eine mit Hornissen »eingenebelte« Feindtruppe nicht angegriffen und niedergemetzelt werden konnte, wollte man nicht selbst von den eigenen Insekten gestochen werden. Es genügte den Israelis vollauf, die Gegner in »Angst und Schrecken« zu versetzen und zu vertreiben.

Immerhin konnte diese Wunderwaffe ein recht zweischneidiges Schwert sein. Bei der geringen Reichweite der Katapulte, beim nahen Abstand beider Heere vor Beginn der Schlacht und mitunter auch bei Gegenwind stachen die Insektenschwärme Feind wie Freund. Manchmal gingen die Tonröhren auch schon beim Abschuß zu Bruch. Dann litten nur die eigenen Leute, und der Feind hatte gut lachen, weil die Hornissengeschwader die eigene Niederlage herbeigeführt hatten. Wenn man so will: Der Einsatz dieser Tiere erforderte durchaus die lenkende Hand Gottes.

Da vielen Armeen der damaligen Zeit diese offenkundig nicht teilhaftig war, kam die Hornissenwaffe bald wieder aus der Mode und geriet bis heute in Vergessenheit.

Vögel zeigen Menschen Honig in den Felsen
Bienen als Lebensretter

Mit den Insekten verbindet sich noch ein weiteres Naturwunder. Bienen retteten Jakob beim Umherirren in der Wüste vor dem Hungertod: »Der Herr nährte ihn«, so heißt es im Lied Mose über Jakob, »mit den Früchten des Feldes und ließ ihn Honig saugen aus dem Felsen und Öl aus hartem Gestein.«

Was den Honig betrifft, so mutet dies zunächst gar nicht so ungewöhnlich an. Bienen nutzen ja nicht nur Baumhöhlen als Nistplätze, sondern auch Löcher im Felsen. Man brauchte also nur die Tiere auszuräuchern, einen entrindeten Zweig in das Loch zu stecken, etwas zu stochern, und schon hatte man einen »Bonbon am Stiel«. Das eigentliche Wunder liegt also auf einer anderen Ebene.

Es besteht in der ungeheuren Schwierigkeit, Bienennester aufzuspüren! Wer hat heutzutage nicht ein Wespennest im Garten oder an einem Dachsparren, ohne es zu bemerken. Sogar der besonders Aufmerksame muß all seine Sinne zusammennehmen, um es wenigstens aus drei oder vier Metern Entfernung wahrzunehmen. Aus größerem Abstand gelingt das nie, es sei denn durch einen Zufall. Wenn es aber heißt: »Der Herr ... ließ ihn Honig saugen aus dem Felsen«, muß es einen Fingerzeig Gottes für Jakob gegeben haben. Das Buch Sirach gibt darüber Auskunft. Es verherrlicht die in der Schöpfung sich offenbarende göttliche Weisheit und gehört leider zu den durch einen späteren Konzilsbeschluß geheimgehaltenen, also zu den sogenannten apokryphen Schriften. In diesem Buch können wir nachlesen, daß ein »kleines Vöglein« den Honigquell gewiesen habe.

Dabei kann es sich nur um jenen Vogel gehandelt haben, der heute lediglich noch in Afrika südlich der Sahara verbreitet ist, früher aber, als die Austrocknung der Wüstengebiete noch längst nicht so weit fortgeschritten war wie derzeit, bis nach Syrien hin zu finden war. Beobachten wir einmal, wie dieser kleine Wundervogel heute noch in Südafrika seine erstaunliche Aufgabe erfüllt:

Als Papete Kisimara, ein dreißigjähriger Ovambo, den Pfad von Onolongo zum Nachbardorf ging, veranstaltete plötzlich ein drosselgroßer Vogel unmittelbar über ihm eine tolle Schau. Über den Kopf des Schwarzen schwirrte er ständig auf und nieder, fächerte mit gespreizten Schwanzfedern, so daß sonst verdeckte, weiße Signalfarben aufblitzten, und stieß ständig Laute aus, die wie eine Kinderrassel klangen. Dann flatterte er etwa zwanzig Meter seitwärts auf einen Baum.

Papete kannte das zur Genüge: Der kleine Vogel war ein sogenannter Honiganzeiger und wollte ihn zu einem Nest wilder Bienen locken. Papete zögerte, ging aber dann doch weiter. Doch in diesem Augenblick schwirrte das Vöglein wieder herbei und flatterte ihm um den Kopf, bis er ihn mit den Flügeln berührte. Bei so viel Hartnäckigkeit mußte der Mensch nachgeben. Der Vogel flog nun ständig wie ein guter Geist voran und wartete auf Bäumen oder Büschen, bis Papete herangekommen war. So ging es über eine Strecke von 800 Metern querfeldein. Plötzlich verstummte das scheppernde Rufen des Tieres. Papete spitzte die Ohren. Da hörte er auch schon das Summen der Bienen vor einem kleinen Loch am Stamm eines alten Baumes. Der Honiganzeiger gehört zu der zoologischen Ordnung der Spechtvögel, trotzdem aber ist sein Schnabel so schwach, daß er aus eigener Kraft nicht an seine Nahrung herankommen kann. Zum »Sesam-öffne-dich!« benötigt er unbedingt Helfer und findet sie in Menschen, in Honigdachsen oder Pavianen.

Nachdem Papete die Höhle aufgebrochen und Honig geerntet hatte, wußte er, was er dem kleinen Vogel schuldig war. Er brach auch noch die Waben mit der Bienenbrut aus der Höhle und warf sie dem geduldig auf einem Ast wartenden Vogel hin. Der Honiganzeiger frißt nämlich selbst keinen Honig, dafür aber etwas, das kaum ein anderes Tier verdauen kann: das Wachs der Waben. Er besitzt Darmbakterien, die dieses Wachs in Fettsäuren umwandeln.

Die Ovambos in Südwestafrika vergessen nie, diesen Tribut an den Vogel zu entrichten. Andernfalls, so glauben sie, würde sie der Honiganzeiger beim nächstenmal nicht zu einem Bienennest führen, sondern zu einer Schlange oder gar in den Hinterhalt eines Löwen.

Früher bestand zwischen diesen Vögeln und den Menschen eine planmäßige Zusammenarbeit, eine Symbiose, zu der auch eine gemeinsame »Sprache« benutzt wurde. Die Initiative kann vom Vogel ausgehen, wie in unserem Beispiel, oder auch vom Menschen.

Der Honiganzeiger ortet die Bienennester am ausströmenden Wachsgeruch. (So besucht er auch die Kapellen christlicher Missionare, um hier kräftig an den Wachskerzen zu picken!) Hat er Hunger, setzt er sich an einen Verbindungsweg zwischen zwei Dörfern und wartet, bis ein Mensch des Weges kommt. Er scheut jedoch davor zurück, in Ortschaften hineinzufliegen. Haben die Einwohner einen Bedarf an Honig, müssen sie sich erst einen Pfadfinder herbeirufen. Die Hottentotten Südwestafrikas imitieren dann das laute Grunzen des Honigdachses — und schon kommt ein Honiganzeiger herbei, um die Führung zu übernehmen. Andere schlagen mit ihrem Buschmesser gegen einen Baumstamm, so daß es klingt, als öffneten sie ein Bienennest. Auch dadurch wird der Vogel angelockt. Er bemerkt schnell, daß hier keine Bienen sind, und weist nun den Weg zu einem ihm bekannten Nest.

Gegenwärtig streiten sich die Gelehrten immer noch, ob dieses einzigartige Verhalten des Honiganzeigers vom Vogel bewußt ausgeübt wird oder ob es angeboren ist und rein instinktiv abläuft — eine für die Existenz oder Nichtexistenz des Bewußtseins bei Tieren bedeutsame Frage.

Die Instinktverfechter argumentieren mit der Tatsache, daß die Honiganzeiger Brutschmarotzer sind, also wie unser Kuckuck ihre Eier in fremde Nester legen: zu Spechten, Staren, Schwalben, Königsfischern, Bartvögeln, Bienenfressern, Baumhopfen und anderen. Die Jungen sehen ihre echten Eltern nie und können daher das Honiganzeigen von ihnen nicht lernen. Es muß demnach angeboren sein.

Andererseits wurde beobachtet, wie ganz junge, eben erst dem Nest entsprungene Honiganzeiger einen »Follow-me-Antrag« an Zebras, Gnus, Antilopen und Warzenschweine richteten. Diese reagierten natürlich nicht im mindesten. Also unterließen es die Vögel bald, diese Tiere aufzufordern. Auch dieses Verhalten bestätigt, daß die Veranlagung zum Honiganzeigen angeboren ist. Der Vogel muß lediglich lernen, bei wem es sich lohnt. Und das geschieht auf recht bewußt anmutende Weise.

Diese Zusammenhänge waren den Menschen in früheren Zeiten natürlich noch nicht bekannt. So muß ihnen das honigverheißende Vöglein wie ein Sendbote Gottes vorgekommen sein.

Und so mag sich auch von hier aus der Gedanke weiterentwickelt haben, in bestimmten Vögeln die Inkarnation einer höheren Wesenheit zu erblicken, etwa in der Taube die des Heiligen Geistes. Die Rolle der Taube in der Bibel ist indessen ein anderes Kapitel.

Heute wie zu Noahs Zeiten
Tauben retten Schiffbrüchige

»Nach vierzig Tagen tat Noah an der Arche das Fenster auf, das er gemacht hatte, und ließ einen Raben ausfliegen; der flog immer hin und her, bis die Wasser vertrockneten auf Erden.«
Obgleich der Kolkrabe als hochintelligentes Tier gilt, taugte er nicht als Späher zum Erkunden, ob sich in der unendlichen Weite der Sintflut schon Anzeichen festen Landes fänden.
»Da harrte er noch weitere sieben Tage und ließ abermals eine Taube ausfliegen aus der Arche. Die kam zu ihm um die Abendzeit, und siehe, ein Ölblatt hatte sie gebrochen und trug's in ihrem Schnabel. Da merkte Noah, daß die Wasser sich verlaufen hätten auf Erden.«
Die Bibel berichtet an dieser Stelle von einer ganz erstaunlichen Leistung dieses Vogels und nimmt schon zwei Phänomene vorweg, die zum Teil erst heute als neueste Forschungsergebnisse bekannt geworden sind: das Heimkehrvermögen der Brieftaube und ihre Fähigkeit, mit dem Auge Dinge zu erkennen, die uns Menschen verborgen bleiben. Letzteres sei an einem Beispiel erläutert:
Seit drei Tagen trieb das Rettungsboot eines im Sturm

gesunkenen Frachters auf dem Pazifischen Ozean. Endlich fernes Rotorknattern eines Rettungshubschraubers. Doch die beiden Beobachter darin sahen nichts als Schaumkronen in der aufgewühlten See. Hätte es von ihnen abgehangen, wären die Schiffbrüchigen verloren gewesen.

Eine mitgeführte Taube in einem Käfig aber pickte plötzlich mit dem Schnabel gegen einen Knopf. Die Alarmklingel schrillte. Nun flog der Pilot in die Richtung, in die seine Taube schaute, und war wenige Minuten später bei den Schiffbrüchigen.

Seit Herbst 1982 trainiert die US-Küstenwache auf dem Stützpunkt Kaneohe auf der Hawaii-Insel Oahu Tauben darauf, für Menschenaugen unsichtbar kleine rote, gelbe und orangefarbene Punkte (= Schwimmwesten oder Rettungsboote) auf dem Meer durch Knopfdruck zu melden. Die Erfolge mit den »Bernhardinern zur See« sind überwältigend. Während Radargeräte versagen, während menschliche Beobachter aus 600 Metern Höhe und im Umkreis von 500 Metern nur durchschnittlich vier von zehn im Wasser treibenden Hilfsbedürftigen wahrnehmen, entdecken die Tauben neun!

Das Auge dieses Vogels ist nämlich dem des Menschen in vieler Hinsicht weit überlegen. Einmal ist es so scharfsichtig, daß es eine Zeitung aus 30 Metern Abstand lesen könnte. Zweitens kann es Farbabstufungen viel brillanter und feiner unterscheiden, da es nicht wie der Mensch drei, sondern vier verschiedene Typen von Farbsehzellen (Zäpfchen) in der Retina des Auges besitzt. Drittens kann es für uns nicht wahrnehmbares Ultraviolett und sogar die Schwingungsrichtung polarisierten Lichtes erkennen. Das ist zum Ausschalten von Spiegelungen auf der Wasseroberfläche wichtig. Viertens stehen die Augen seitlich am Taubenkopf, so daß das Tier ein Gesichtsfeld von 160 Grad erfaßt. Zur Sicherheit bekommt ein Seenot-Hubschrauber vier gefiederte Beobachter mit, von denen jeder nur einen 90-Grad-Sektor im Auge behalten muß. Fünftens ist der Vogel von einer beneidenswerten Ausdauer. Wenn wir bereits im Lichtflimmern »Gespenster« sehen, bleibt er noch zuverlässig.

Diese großartigen Fähigkeiten der Taube nutzte einst Noah, um das zunächst noch winzige und weit entfernte »Inselchen« des ersten, von der Sintflut freigegebenen Landes entdecken zu lassen.

Die geschilderten Eigenschaften reichen allerdings bei weitem noch nicht aus, um die enormen Entdeckerkünste des Taubenauges vollständig zu erklären. Professor Juan D. Delius von der Ruhr-Universität in Bochum war es anno 1986 vergönnt, weitere Einzelheiten herauszufinden:

Das Seh-Hirn der Taube arbeitet nämlich ganz anders als das des Menschen. Während bei uns die linke Hälfte der Gesichtsfelder beider Augen nur in der Sehrinde der rechten Großhirn-Hemisphäre verarbeitet wird und alles, was wir rechts im empfangenen Bild sehen, nur in der linken Hirnhälfte, funktioniert das bei Tauben völlig anders.

Bei diesen Vögeln wird das gesamte Blickfeld zweimal

verarbeitet, in der linken und gleichzeitig in der rechten Hälfte des Mittelhirns (also nicht des Großhirns wie bei uns!), und zwar im sogenannten Tectum oder Sehdach. Beide Hälften sind durch eine Nervenbrücke (Komissur) miteinander verbunden. Auf diese Weise kann der Vogel stets die Vorlage, die er mit dem rechten Auge sieht, mit anderen Dingen, die er im linken Auge sieht, mit für uns unvorstellbarer Präzision vergleichen.

Wenn die Taube zum Beispiel auf einen ganz winzigen orangefarbenen Punkt dressiert ist (die Schwimmweste eines Schiffbrüchigen), kann sie Gleiches (einen tatsächlichen Schiffbrüchigen) von Ungleichem (Wellen, Schaumkronen, Lichtreflexen) spielend leicht unterscheiden. In der Datenverarbeitung bezeichnet man das als Identitätsprinzip.

Diesen »Computer« im Vogelhirn hatte sich die feinmechanische Industrie in den USA schon um 1970 zunutze gemacht. Sie setzte Tauben als Kontrolleure bei der Fließbandfertigung ein. Mit dem rechten Auge betrachtete das Tier in einem Kästchen das Sollmodell eines Werkstückes. Vor dem linken Auge liefen die eben hergestellten Dinge vorbei. Wich eines in seinem Maß auch nur um einen Hundertstelmillimeter vom Soll ab, wurde es vom Vogel als mangelhaft erkannt und durch Knopfdruck mit dem Schnabel in den Ausschußkasten befördert. Und das ohne Mikrometerschraube nur mit dem Augenmaß!

Doch den Arbeitern war es unangenehm, sich von einem nur zwei Kubikzentimeter kleinen »Spatzengehirn« kontrollieren zu lassen. Die Gewerkschaften protestierten. Der Tierschutzverein klagte die Unternehmer der Tierquälerei an, weshalb diese »gefiederten Sklaven« schon bald durch elektronische Meßgeräte ersetzt wurden.

Wozu hat die Schöpfung den Tauben eigentlich diese exorbitante Fähigkeit mitgegeben? Ihr liegt eine vitale Lebensnotwendigkeit des Tieres zugrunde: die Suche der Taube nach Futterkörnern auf dem Felde. Wir Menschen können auf dem Bauch über den Acker kriechen und finden zwischen all den Erdkrümeln und Steinchen kein einziges Korn. Der Vogel aber besitzt dafür ein Suchmuster, erkennt seine Nahrung an minimalen Kennzeichen und pickt in einem fort, ohne zu zögern.

Auch für das Sozialverhalten ist ein übermenschlich gutes Auge entscheidend. Während für uns eine Taube wie die andere aussieht, erkennt diese ihren Lebenspartner unter Tausenden von Schwarmgenossen mit untrüglicher Sicherheit an winzigen Details, selbst wenn er total verdreckt oder durchnäßt ist oder viele Federn verloren hat.

Bis zu welch märchenhaftem Grade dieser »Erkennungsdienst« funktioniert, wurde ersichtlich, als Professor Delius seinen Tauben Dias vorführte, auf denen sie eine ganz bestimmte Dame wiedererkennen mußten. Zunächst wurde ihnen der zu suchende weibliche Mensch vorgeführt. Dann bekamen sie Fotos zu sehen, auf denen bis zu je sieben Personen abgebildet waren. Daraufhin sollten die Tauben durch Schnabelpicken auf einen Knopf »sagen«, ob sich unter diesen auf dem Bild auch die Soll-Dame befand oder nicht.

Auf jedem Foto trug sie eine andere Kleidung, eine andere Frisur, anderes Make-up, verschiedene Brillen, zeigte unterschiedliche Mimik, war mal vorn, mal nur klein im Hintergrund, mal von der Seite oder halb verdeckt zu sehen, während täuschend ähnlich aussehende Personen im Vordergrund standen. Als Testpersonen fungierende Biologiestudenten mußten stets lange überlegen, ehe sie sich entschieden, und tippten dann meist auch noch falsch. Die Tauben aber fanden auf Anhieb die Richtige.

Demnach sind sie nicht nur in der Lage, feinste Unterschiede zu bemerken, sondern auch in einem Wust von verschiedenen Merkmalen typische Übereinstimmungen zu generalisieren. Da rede mir noch mal einer vom minderwertigen »Spatzengehirn« der Vögel!

Das also steckt an Schöpferweisheit dahinter, wenn die Bibel berichtet, daß es weder Rabe noch Mensch waren, sondern die Taube, die bei Ablaufen der Sintflut als erste dieses Ereignis zuverlässig zu melden vermochte: »Sie kam zu ihm (Noah) um die Abendzeit, und siehe, ein Ölblatt hatte sie abgebrochen und trug's in ihrem Schnabel. Da merkte Noah, daß die Wasser sich verlaufen hätten auf Erden.«

Nun hat Noah sicher keine Verhaltensforschung im modernen Sinne betrieben. Aber in früheren Zeiten lebten die Menschen in einer weitaus größeren Harmonie mit der Natur. Sie konnten sich noch in die Seele von Tieren hineinversetzen. Deren Wesen erfaßten sie empirisch über ihr Einfühlungsvermögen und waren mit dieser Methode wesentlich weiser als alle naturkundliche Intelligenz der vergangenen Jahrhunderte — ein Befund, der erst durch allerneueste Forschungen auffällig geworden ist.

In der Tat: Suchte man nach einem lebenden Symbol für den zur Erde niederfahrenden Geist Gottes, was lag dann näher, als die Taube zu wählen? Das Evangelium des Matthäus beschreibt es: »Und da Jesus getauft war, stieg er alsbald herauf aus dem Wasser. Und siehe, da tat sich der Himmel auf, und er sah den Geist Gottes wie eine Taube herabfahren und über sich kommen.«

Nicht nur ihre außergewöhnlichen Fähigkeiten, sondern auch ihr ganzes Wesen prädestinieren die Taube dafür. Schon ihr Schnäbelchen ist so klein und zart, daß sie keinem anderen damit ein Leid zufügen kann. Waffen besitzt sie nicht. Selbst mit den Flügeln kann sie nicht derber zuschlagen als ein Mensch mit dem Schnupftuch.

Es gibt nur eine Ausnahme: Sperrt der Mensch zwei oder mehrere Tauben längere Zeit in einen engen Käfig, aus dem es kein Entrinnen gibt, kann es geschehen, daß sie sich in stundenlanger Kleinarbeit gegenseitig umbringen. Aber das tun sie nur unter den unnatürlichen Verhältnissen enger Gefangenschaft, wenn das arme Tier in seinem Verhalten durch die Schuld des Menschen korrumpiert wurde. Sonst nie.

Wie jeder Brieftaubenzüchter bezeugen kann, sind diese Vögel von sehr zartem, sensiblem Gemüt und ihrem menschlichen Freund in Anhänglichkeit zugetan. Tauben pflegen auch zu anderen Tieren freundschaftlichen Kontakt, besonders zu Pfauen, wie schon Plinius aus dem alten Rom berichtete. Einige reiche Römer richteten in ihrem Grabmal einen Taubenschlag ein, um ihren Lieblingen auch noch nach dem Tode verbunden zu sein.

Andererseits verführten die Harmlosigkeit und das Fehlen bedrohlicher Angriffswaffen bei der Taube dazu, sie als Sinnbild des Friedens dem kriegerischen Falken gegenüberzustellen: »Gib deine Taube (gemeint ist Israel) nicht den Tieren preis«, fleht der 74. Psalm zu Gott.

Aber so wehrlos, wie viele Leute vermuten, ist die Taube nicht. Zwar besitzt sie keine Angriffs-, wohl aber perfekte Verteidigungswaffen. In Jahrmillionen der Erdgeschichte ist es unzähligen Falken, Habichten und anderen Räubern nicht im mindesten gelungen, die Tauben auszurotten.

Sichtet ein kleines Friedensvöglein während des Fluges mit falkenscharfem Auge einen Greifvogel, legt es die Flügel an und stürzt sich wie ein Stein nach unten. Über felsigem Gebirge steuert es einen Spalt an, saust mit Höchsttempo hinein, fängt sich dort mit akrobatischer Geschicklichkeit ab und ist gerettet. Denn der angeblich so kühne Falke besitzt nicht den Mut, der Taube in den Spalt zu folgen. Sind keine Felsen vorhanden, so stürzt sich die Taube auch mitten in das Geäst einer Baumkrone. Dabei riskiert sie zwar einen Flügelbruch, aber meistens geht es gut, und auch hier wagt es der Falke nicht, der Taube in den Baum zu folgen.

Greift der Feind über einer Ortschaft an, stürzt sich die Taube sogar durch ein offenes Fenster in ein Zimmer. Als ich neun Jahre alt war, flog mir auf diese Weise eine Taube zu. Es war der Beginn einer langen Freundschaft und später das Thema meiner ersten Tierdarstellung für eine Jugendzeitschrift.

Die wahrhaft bewundernswerte Fähigkeit der Taube, Feinden zu entkommen, mag es gewesen sein, auf die auch Christus hinweist, als er seine Jünger zu Aposteln beruft und sie aussendet in die Welt: »Siehe, ich sende euch wie Schafe mitten unter die Wölfe. Darum seid klug wie die Schlangen und ohne Falsch wie die Tauben.«

Warum »ohne Falsch wie die Tauben«, das wissen wir jetzt. Aber weshalb eigentlich »klug wie die Schlangen«?

Reptilien als Requisiten der Magier
Die Faszination der Schlangen

So begann der Sündenfall: »Aber die Schlange war listiger als alle Tiere auf dem Felde, die Gott der Herr gemacht hatte.« Der Muhme des Satans, der Schlange, gelang es, Eva zu verführen, den Apfel vom Baum der Erkenntnis zu essen: »An dem Tage, da ihr davon esset, werden eure Augen aufgetan, und ihr werdet sein wie Gott und wissen, was Gut und Böse ist.«

Doch als der Herr davon erfuhr, sprach er zur Schlange: »Weil du das getan hast, seist du verflucht, verstoßen aus allem Vieh und allen Tieren auf dem Felde. Auf deinem Bauche sollst du kriechen und Erde fressen dein Leben lang. Und ich will Feindschaft setzen zwischen dir und dem Weibe und zwischen deinem Nachkommen und ihrem Nachkommen; der soll dir den Kopf zertreten, und du wirst ihn in die Ferse stechen.«

Andererseits sagte Christus zu seinen Jüngern, sie sollten »klug wie die Schlangen« sein. Von keinem anderen Tier entwickelte der Mensch seit alters her ein so gespaltenes Bild wie von diesem Reptil.

Im alten Ägypten war die Uräusschlange, eine bis zu zwei Meter lange, hochgiftige Kobra, die Hüterin der Tempel und ein hochgepriesenes Orakeltier. Auf der

Stirn von Götterbildern und auf der Kopfbedeckung der Pharaonen bäumt sich ihr Abbild auf, die Feinde bedrohend, und sie galt als Herrschersymbol schlechthin.

Moses gebraucht sie in ähnlicher Weise, als die Kinder Israel murren und rebellieren: »Da sandte der Herr feurige Schlangen unter das Volk; die bissen das Volk, daß viele aus Israel starben.« Doch gleich darauf erschafft er ein Gegenmittel für das Schlangengift: »Da sprach der Herr zu Mose: Mache dir eine eherne Schlange und richte sie an einer Stange hoch auf. Wer gebissen ist und sieht sie an, der soll leben.« Und so geschah es in dem bis heute schlangenverseuchten Lande auch.

Derzeit ist es kein Geheimnis mehr: Wenn Menschen von Schlangen gebissen werden, wirkt das Gift nur in einem Bruchteil aller Fälle tödlich. Oft aber vollendet eine panische Angst, was das Gift allein nicht vermag. Gelingt es, dem Patienten diese Angst zu nehmen, bleibt er fast immer am Leben — just so wie beim Anblick der ehernen Schlange des Moses.

Hier zeigt sich schon ein erster Ansatz, der später die Schlange zum Symbol ärztlicher Heilkunst werden ließ wie im altgriechischen Äskulap-Kult. Um den Stab des Gottes ringelt sich eine (ungiftige) Äskulapnatter ... bis heute! In den heiligen Hainen von Epidaurus und Epirus bewohnten viele Schlangen als Lieblinge der Götter ein Schaugehege.

Häufig besaßen Magier diese Reptilien als achtunggebietende Requisiten. Solch eine Vorstellung beschreibt auch die Bibel. Als Moses und Aaron zum erstenmal vor den Pharao treten, um ihn zu bitten, ihr Volk ziehen zu lassen, müssen sie sich durch ein Wunder ausweisen: »Und Aaron warf seinen Stab hin vor dem Pharao und vor seinen Großen, und er ward zur Schlange. Da ließ der Pharao die Weisen und Zauberer rufen, und die ägyptischen Zauberer taten ebenso mit ihren Künsten: Ein jeder warf seinen Stab hin, da wurden Schlangen daraus; aber Aarons Stab verschlang ihre Stäbe.«

Diese Geschichte enthält gleich zwei Rätsel: Kann eine Schlange zu einem Stab werden? Und kann eine Schlange die anderen fressen?

Bereits der römische Schriftsteller Vergil schildert anschaulich, wie die Priester des Mars Schlangen gebändigt und in den Schlaf gewiegt haben: Es begann mit langen monotonen Beschwörungsgesängen. Das war mit Sicherheit Scharlatanerie, denn Schlangen sind, wie wir heute wissen, taub. Auch die indischen Fakire richten sich im Takt ihrer Flötentöne nach den Pendelbewegungen ihrer Tiere, nicht umgekehrt. Aber dann spricht Vergil von Massage, durch die jene Reptilien in Starre verfallen.

Professor Wolfgang Bücherl, der Direktor des weltbekannten Butantan-Reptilien-Instituts von São Paulo, Brasilien, beschreibt es genau: Will man eine Schlange mit der bloßen Hand fangen, so bewege man eine Hand in sicherem Abstand vor dem Kopf des Tieres hin und her. Es wird diese Hand fasziniert anstarren und auf nichts weiter reagieren, was sonst geschieht.

So kann man sie mit der anderen Hand am Genick greifen, und zwar »mit Daumen und Zeigefinger, während die drei freien Finger derselben Hand zugleich von unten her um den Hals des Reptils greifen«. Um zu verhindern, daß es sich mit dem Schwanz freischlägt, »hebt man den Arm leicht an und klemmt den Körper der Schlange mit dem Ellbogen gegen die Hüfte«. Nun ist sie steif wie ein Stock. Auch wenn man sie nach der Giftabnahme in eine Ecke des Labors legt, bleibt sie dort einige Zeit unbeweglich liegen, sogar auf einem Haufen vieler schon »gemolkener« Tiere. Wirft man allerdings das steife Tier auf den Boden, wird der »Stab« augenblicklich wieder zur Schlange, die nun mit Höchsttempo zu fliehen versucht. Und so muß es sich auch im Palast des Pharao abgespielt haben.

Über den Sinn dieser seltsamen Starre gibt die moderne Verhaltensforschung Auskunft. Sieht eine Schlange keine Möglichkeit zum Entrinnen aus einer vermeintlich tödlichen Gefahr, stellt sie sich tot. Sie verdreht den Kopf, läßt die Zunge aus dem halb geöffneten Maul quellen und läßt manchmal sogar, Höhepunkt raffinierter Verstellung, einige Tropfen Blut aus den Mundwinkeln treten. Dabei ist sie starr wie ein weiches Bleirohr und läßt sich in allen nur erdenklichen Figuren und Schleifen auf den Boden legen, natürlich auch als »Stab«. Diese Akinese ist ein Selbstschutz. Feinde, die nur lebende Beute fressen und sich von allem Aas abwenden, sollen getäuscht und zur Einstellung ihres Angriffs veranlaßt werden.

Ist die Gefahr vorüber oder wird die erstarrte Schlange auf den Boden geworfen, kehren ihre Lebensgeister binnen einer Sekunde wieder zurück. Es handelt sich hierbei also nicht um eine Schocklähmung, sondern um eine Täuschung, die das eigene Leben retten soll. Verhaltensforscher bezeichnen dies als »intelligenzanaloges Instinktverhalten«. So gesehen, sind Schlangen durchaus sehr klug. Daher der Ausdruck »klug wie die Schlangen.«

Damit ist auch das Phänomen geklärt, wieso Schlangen zu Stöcken und diese wieder zu Schlangen werden können. Moses und Aaron wußten es. Aber die Magier des Pharao kannten das Geheimnis auch und benutzten es, um Aarons Macht in Zweifel zu ziehen. Aber was tat nun Aaron, damit sein »Stab« die »Stäbe« der Zauberer verschlang?

Schlangenfressende Schlangen gab es in Ägypten nicht, wohl aber in Indien. Eine davon wird bis zu 5,5 Meter lang: die Königskobra. Ihre Hauptbeute sind die kleineren Kobra-Arten. Demnach müßte sie auch mit der nur bis zu zwei Meter langen Uräuskobra in Ägypten fertiggeworden sein, sofern sich Aaron solch ein Monster aus Indien beschafft haben sollte.

Die Königskobra, die gegen Schlangengift immun ist, beißt sich hinter dem Kopf ihres Opfers fest, umschlingt es sofort mit vielen Leibeswindungen und zerquetscht es unter ungeheurer Kraftaufwendung, oft sogar noch bevor ihr Gift den Tod herbeigeführt hat. Dann verschlingt sie es in einem Stück.

Es wird Zeit, die zwiespältige Stellung der Schlangen

in der Vorstellung der Menschen zu erklären. »Die Schlange, das ist der Teufel und Satan«, heißt es in der Offenbarung des Johannes. »Fliehe vor der Sünde wie vor einer Schlange«, rät das Buch Sirach. »Ihr Schlangen, ihr Otterngezücht!« wettert der Evangelist Matthäus gegen die Schriftgelehrten und Pharisäer. Andererseits aber dienen die Schuppenkriechtiere als Beweis göttlicher Macht.

Zweifellos haben Schlangen Gewalt über das Leben des Menschen. So verbindet sich mit ihnen auch die Vorstellung, daß sie mit dem Tod und womöglich auch mit dem Leben nach dem Tod verbunden sind. Für die antiken Römer waren sie, wie auch im Mithraskult, das faszinierende Symbol für Wiederauferstehung und Unsterblichkeit.

Wie deutet die Biologie heute diese zwiespältige Einstellung des Menschen zu den Schlangen? Vor einigen Jahren ging der holländische Primatenforscher Dr. Adriaan Kortlandt mit mir in das Affenhaus des Amsterdamer Zoos und trat vor den Käfig eines fünfjährigen Schimpansen, der im Tierpark geboren war und noch nie in seinem Leben eine Schlange gesehen hatte. Freudig kam der Menschenaffe ans Gitter, um seinen Freund zu kraulen. Da zog dieser eine Spielzeugschlange aus Gummi aus der Tasche und ließ sie Schlängelbewegungen ausführen. Im selben Augenblick sprang der Schimpanse angstkreischend in die hinterste Ecke und zitterte am ganzen Körper. Instinktive Schlangenangst durchbebte ihn, obwohl er noch nie die geringste Erfahrung mit Reptilien gemacht hatte. Ein angeborenes Feindbild nennen wir dies.

Das ist die biologische Basis dessen, was wie ein Fluch Gottes über den Schlangen lastet.

Genaue Untersuchungen in freier Wildbahn und im Institut zeigten folgendes: Bis zum Alter von drei Jahren zeigen Menschenaffen nicht die geringste Furcht vor Schlangen. Wozu auch. Sie werden von der Mutter gut beschützt. Bei Menschenkindern ist es ebenso. Früher, als in der Lüneburger Heide die Schlangen noch viel zahlreicher vorkamen als heute, wurde berichtet, wie Kleinkinder gänzlich unbekümmert mit Kreuzottern im Garten gespielt hatten. Auch die klugen Kriechtiere schienen sich von den Kindern nicht bedroht zu fühlen und machten das paradiesische Spiel mit.

Doch vom vierten Lebensjahr an reift in Schimpansen und Menschenkindern das im Instinktiven verankerte Feind- und Gruselbild der Schlange. Aber während sich Zootiere nun angesichts eines Reptils geradezu hysterisch verhalten, begegnen die Affen in freier Wildbahn dem Kriechtier mit ziemlicher Gelassenheit. Fast jeden Tag treffen sie auf eines. Und sie gehen ihm auch aus dem Weg, aber nicht hektischer, als wir Stadtmenschen einem Auto ausweichen. Der instinktive Schreck vor dem angeborenen Feindbild schleift sich durch Erfahrung ab.

Dennoch: Eine unheimliche Faszination, verwandt mit dem Gefühl des Jenseitigen, strahlt von der Schlange auch auf den Menschen aus. Einige überwin-

107

den ihre Angst, befassen sich näher mit diesen »Ekeltieren« und freunden sich sogar mit ihnen an. Als erstes bemerken sie, daß Schlangen weder kalt noch schleimig sind. Es ist sogar ein unbeschreibliches ästhetisches Gefühl, sie zart (!) anzufassen und mit ihnen zu spielen. Ich weiß aus eigener Erfahrung mit einer Boa constrictor, wovon ich rede.

Und mit einemmal schlägt das Gefühl kalten Grauens ins Gegenteil um, in eine suchtartige Faszination für diese Tiere. Reptilienfreunden sind Hund und Katze gleichgültig. Sie lieben nur noch Schlangen und werden oft auch von diesen geliebt — ein Umstand, den jeder, der es nicht kennt, für unmöglich hält.

Dies ist bereits ein kleiner Teil vom großen Friedensreich: »In meinem Namen werden sie (die Jünger Jesu) . . . Schlangen mit den Händen hochheben, und es wird ihnen nicht schaden.«

Von der Macht, Menschen zu quälen und zu töten

Skorpione, die Geißeln Gottes

In den Jahren 1946 bis 1951 wurde die brasilianische Stadt Ribeirao Preto, 300 Kilometer nordwestlich von São Paulo gelegen, von einer ungeheuerlichen Skorpioninvasion heimgesucht. Schließlich wurden in dem damals 80 000 Einwohner zählenden Ort täglich bis zu zweihundert von diesen Tieren gestochene Menschen in die Spitäler eingeliefert. Trotz sorgfältiger Serumbehandlung starben zwei Prozent der Erwachsenen, zehn Prozent der Kinder und, was besonders tragisch war, fast zwanzig Prozent der Säuglinge, zu denen diese wandelnden Giftspritzen ins Bett gekrochen waren.

Professor Bücherl war einmal Augenzeuge, als ein Straßenbauarbeiter gestochen wurde. Er schrie vor Schmerzen, bis ihm die Stimme versagte, und schlug wie toll um sich, so daß ihn seine Kameraden kaum bändigen konnten. Dann brach ihm der Schweiß aus. Schüttelfrost durchbebte ihn. Trotz unerträglicher Mittagshitze hockte er sich in praller Sonne auf den Boden und schluchzte wie ein Kind. Im Krankenhaus konnte er gerettet werden.

Hunde und Katzen starben in jedem Falle spätestens zwanzig Minuten nach dem Stich. Tagsüber verkrochen sich die handgroßen Achtbeiner in Ritzen des Straßenpflasters und der Hausfundamente, in Holz- und Ziegelstapeln, unter Fußbodenbrettern, unter dem Dach, in dunklen Ecken der Abstellräume, in Schränken und Schubladen. Nicht einer war zu bemerken. Aber nachts kamen sie überall hervor und durchstreiften die Wohn- und Schlafräume, die Küchen, Schränke, Regale und Möbel sowie die abgelegten Kleider. Sie kletterten an den Gardinen empor und krochen in Betten, Sofas und abgestellte Schuhe, und das bis in die obersten Etagen.

Endlich, nach fünf Jahren unausstehlicher Plage, setzte die Stadtverwaltung große Mengen von DDT und anderen Kontakt-Pestiziden ein. Vom Hauch des Todes berührt, krochen die Skorpione aus ihren Ritzen hervor auf die Straßen, zappelten noch etwas und verschieden. An manchen Straßenecken wurden die toten Tiere eimerweise zusammengeschaufelt. Damit nahm die Plage ein Ende.

So ähnlich mag es sich auch in biblischen Zeiten zugetragen haben. Als König Rehabeam seinem Volk drohte: »Mein Vater (Salomo) hat euch mit Peitschen gezüchtigt, ich will euch mit Skorpionen züchtigen«, so muß dieses Wort lähmendes Entsetzen hervorgerufen haben. Denn sicherlich wußten die Leute, was das zu bedeuten hatte. Und nicht von ungefähr war diese Drohung auch der Anlaß dafür, daß sich Nordisrael von Juda, dessen König Rehabeam war, trennte.

Doch was mag die Ursache für so eine gewaltige Skorpionplage in biblischer und heutiger Zeit gewesen sein? Was mag hinter dieser drakonischen Strafaktion stecken?

Aus dem Jahre 1959 kennen wir eine grausige Invasion dieser Gottesgeißeln in mehrere Städte des mexikanischen Bundesstaates Colima. Damals fegte ein gewaltiger Hurrikan mit sintflutartigen Regengüssen über den Küstenstreifen. Als das Wasser begann, das Land zu überschwemmen, krabbelten Hunderttausende von Skorpionen aus ihren Felsenritzen hügelan und in die Dörfer und Städte hinein, wo sie die Menschen in Angst und Schrecken versetzten.

War es hier die Flucht der Gliedertiere vor dem Wasser, so lagen die Dinge im Fall der brasilianischen Stadt Ribeirao Preto ganz anders. Hier war der Skorpionplage eine Kakerlakenplage vorausgegangen. Mit den mitteleuropäischen, nur knapp ein Gramm leichten Küchenschaben haben diese daumengroßen, geflügelten Ritzenkriecher nicht viel gemeinsam. Diese höchst unangenehmen Riesen können erhebliche Speisemengen aus den Vorratsräumen wegfuttern und stinken zudem ekelerregend. Aber sie sind die Lieblingsspeise der Skorpione. Und so konnten sich diese in einer Art Schlaraffenland in ungeheurem Maße vermehren.

So ist auch das biblische Schreckensbild zu verstehen, das die Offenbarung des Johannes vom Weltuntergang zeichnet: »Und der fünfte Engel posaunte; und ich sah einen Stern, gefallen vom Himmel auf die Erde; und ihm ward der Schlüssel zum Brunnen des Abgrunds gegeben. Und er tat den Brunnen des Abgrunds auf, und es ging auf ein Rauch aus dem Brunnen wie der

Rauch eines großen Ofens, und es ward verfinstert die Sonne und die Luft von dem Rauch des Brunnens. Und aus dem Rauch kamen Heuschrecken auf die Erde, und ihnen ward Macht gegeben, wie die Skorpione auf Erden Macht haben.«

Das brasilianische Beispiel gibt den Schlüssel zum Verständnis der Dinge, auf welche die Bibel hier anspielt und die den Menschen der damaligen Zeit durchaus ein Begriff gewesen sein müssen: Zuweilen, wenn sich wieder einmal eine Heuschreckenplage ereignet hatte, folgten noch weitaus schlimmere Ereignisse. Heuschrecken lassen mitunter nicht einmal für Ratten und Mäuse Nahrung übrig, so daß diese sterben müssen. Nur für eine einzige Tierart ist solch eine Plage ein Eldorado: für die Skorpione. Fällt ein Heuschreckenschwarm über das Land her, kommen die Skorpione sogar bei Tage aus ihren Verstecken heraus und beginnen mit der Mahlzeit.

Sie packen die Beute mit den beiden Kneifscheren und töten sie mit dem über den Kopf geschwungenen Schwanzstachel innerhalb eines Sekundenbruchteils. Dann zerreißen sie das Opfer mit ihren Zangen und saugen dessen Körpersäfte einzeln aus den Teilstükken. Eine große Wanderheuschrecke zu verzehren dauert etwa eine Stunde.

Bald nach solch einer Freßorgie bekommen die Skorpione ihren Nachwuchs. Jedes Weibchen bringt mehrere hundert Junge im Laufe einiger Wochen lebend zur Welt. Etwa zwei Wochen lang reiten diese auf dem Rücken der Mutter. Danach sind sie schon selbständig, und zwar etwa um dieselbe Zeit, da die kleinen Nymphen der Heuschrecken aus den Eiern und aus dem Erdboden kriechen: willkommene Nahrung für die kleinen Skorpione!

So kann es beim Zusammentreffen all dieser Faktoren sehr wohl geschehen, daß auf der Erde geradezu ein Teppich von einem Gemisch aus Heuschrecken, deren Nymphen sowie großen und kleine Skorpionen wimmelt, so daß man sie bei oberflächlicher Betrachtung nicht unterscheiden kann. So also »kamen Heuschrekken auf die Erde, und ihnen ward Macht gegeben, wie die Skorpione auf Erden Macht haben«.

Aber, so heißt es in der Offenbarung des Johannes weiter: »Und es ward ihnen gegeben, daß sie die Menschen nicht töteten, sondern sie quälten fünf Monate lang; und ihre Qual war wie eine Qual vom Skorpion, wenn er einen Menschen sticht. Und in jenen Tagen werden die Menschen den Tod suchen und nicht finden, werden begehren zu sterben, und der Tod wird von ihnen fliehen.«

Auch dies ist biologisch ganz folgerichtig. In Zeiten einer Wanderheuschrecken-Invasion haben die Skorpione vollauf zu tun, ihre Beutetiere zu stechen. Der Giftvorrat ist bald erschöpft und kann erst im Verlauf von drei bis vier Wochen erneut gebildet werden. Auch die Jungtiere besitzen noch nicht genügend viel Gift. Ihr Stich wirkt allenfalls wie der einer Wespe, sofern sie sich nicht bereits alle verausgabt haben.

Die furchtbare Angst des Menschen vor dem tödlichen Gift bleibt natürlich bestehen. Ob ihn nun tat-

sächlich ein Skorpion sticht und ihm nur ungefährlich
wenig Gift injiziert oder ob ihn eine Heuschrecke
beißt, die mit ihren Mundwerkzeugen ganz beachtlich, wenngleich völlig harmlos zwicken kann, immer
bekommen Menschen die panische Angst, sterben zu
müssen, bis sie es nicht mehr aushalten und den Tod
herbeisehnen.

Es sei denn, die Betroffenen wissen um diese Zusammenhänge, ein Wissen, das die Angst löst, oder man
vertraut auf Gottes Wort, wenn es wie im Evangelium
des Lukas heißt: »Sehet, ich habe euch Vollmacht gegeben, zu treten auf Schlangen und Skorpione, und
über alle Gewalt des Feindes; und nichts wird euch
schaden.«

In solchem Falle können sogar die unglaublichsten
Dinge geschehen, etwa jene, wie sie der Prophet Jonas
im Bauch des »großen Fisches« erlebte.

». . . und der Wal
schleuderte Jona an Land«
Meeresriese als hilfreicher Geist

Eine der am seltsamsten anmutenden Tierparabeln des Alten Testaments ist die Geschichte des Propheten Jona, der von einem »großen Fisch« verschlungen und bald darauf wieder an Land geschleudert wird.

Die Bibel erzählt, wie Jona von Gott die Weisung erhält, nach Ninive, der sündenverderbten Hauptstadt des Assyrer-Reiches am Tigris, zu gehen, um dort die Menschen zur Buße aufzurufen und widrigenfalls den Untergang der Metropole zu prophezeien — eine Aufgabe, die auszuführen angesichts aufgebrachter Menschenmassen an Selbstmord grenzt. Jona packt die Angst. »Um dem Herrn aus den Augen zu kommen«, flieht er in die Hafenstadt Japho, heute Jaffa, und besteigt ein Schiff, das nach Tarsis, einer phönizischen Siedlung in Südspanien, fahren will.

Doch schon kurz nach dem Auslaufen »ließ der Herr einen großen Wind aufs Meer kommen, und es erhob sich ein großes Ungewitter auf dem Meer, daß man meinte, das Schiff würde zerbrechen«. Da gesteht Jona den Seeleuten, daß Gott ihn mit diesem Sturm strafen wolle, und fordert sie auf: »Nehmt mich und werft mich ins Meer, so wird das Meer still werden.« So geschieht es auch.

»Aber der Herr ließ einen großen Fisch kommen, Jona zu verschlingen. Und Jona war im Leib des Fisches drei Tage und drei Nächte.« In seiner Angst schrie er zu dem Herrn aus dem Rachen des Todes. »Und der Herr sprach zu dem Fisch, und der spie Jona aus ans Land.«

Die erste Frage, die uns beschäftigt: Was könnte das für ein »großer Fisch« gewesen sein? Ein Hai? Sicherlich nicht, denn dieser sägt einen Menschen mit seinem barbarischen Gebiß erst in mehrere Teile und verschluckt ihn dann stückweise. Ein Entrinnen aus seinem Bauch ist in jedem Fall ein Ding der Unmöglichkeit. So bleibt unter den großen Meeresbewohnern nur noch ein Wal. Aber welcher?

Blau- und Finnwal, mit Längen bis zu 31 beziehungsweise 25 Metern die größten unter den Meeressäugern, scheiden aus zwei Gründen aus. Einmal ist ihr Schlund so eng, daß gerade eben ein Hering hindurchpaßt. Die bis zu 200 Tonnen schweren Giganten ernähren sich nämlich von zigarettenkleinen Krillkrebsen, die sie allerdings zu Hunderttausenden mit einem Haps in sich hineinbaggern. Zum anderen können diese großen Bartenwale auch gar nicht im Mittelmeer existieren, eben weil dort keine »Riesenwolken« von Krillkrebsen vorkommen.

Sehr wohl aber sind in früheren Jahrtausenden Pottwale im Mittelmeer gesichtet worden. Mit einer Körperlänge von bis zu 20 Metern und einem Gewicht an die 50 Tonnen sind sie auch noch riesenhafte Geschöpfe. Ihre Lieblingsspeise holen sie sich aus Tiefen zwischen 1000 und 2000 Metern vom Meeresgrund: Riesenkraken! Sonarbeobachtungen haben das jüngst gezeigt.

Einmal fanden Walfänger im Bauch eines erlegten Pottwals einen Riesenkraken, dessen Körper sechs Meter lang war und an dem noch acht Fangarme hingen, von denen zwei je elf Meter lang waren. In einem anderen Fall fanden sie einen etwas kleineren Riesenkraken von »nur« 186 Kilogramm Gewicht, dazu aber noch einen drei Meter langen Hai. Fast durchweg liegt ihnen ein Sammelsurium von mehreren Tintenfischen und Haien schwer im Magen. Alle Beutetiere sind noch unversehrt, da sie in einem Stück verschluckt werden. Zwar besitzt der Wal im Unterkiefer einen »Gitterzaun« aus 46 bis zu 18 Zentimeter langen Zähnen, aber diese sind nur zum Festhalten der Beute da. Kauen können die Tiere damit nicht. Allerdings waren die Mageninhalte schon mehr oder weniger verdaut und hatten nicht mehr die geringste Lebensspur in sich.

Der römische Naturkundler Plinius berichtet von Pottwalen im Mittelmeer. Der griechische Historiker Dio Cassius erzählt sogar aus der Zeit des Kaisers Septimius Severus (193 bis 211 n. Chr.), wie ein Pottwal am Strand der Tibermündung »Selbstmord« beging. Auch zur Zeit des Kaisers Claudius (41 bis 54 n. Chr.) verirrte sich ein Pottwal in den gerade neu angelegten Hafen von Ostia. Sogleich wurde zur Volksbelustigung eine »Seeschlacht« gegen ihn inszeniert. Aber der Wal, dieser »Gladiator zur See«, versenkte ein Boot und entkam zur Blamage der römischen Flotte. Auch vor Konstantinopel soll einst ein Pottwal gestrandet sein.

An der Existenz dieser Tiere zu früheren Zeiten im Mittelmeer kann also nicht gezweifelt werden. Es wird einem nur angst und bange, wenn man erfährt, was so ein »Leviathan« pro Tag alles frißt: 300 bis 420 Kilogramm Kraken, andere Tintenfische und Haie. Das ist die Masse von sechs Menschen!

Und was würde aus unsereinem, wenn er im Magen des Riesen eine Tauchfahrt zum Meeresgrund mitmachen müßte? Seine anfängliche Tauchgeschwindigkeit beträgt 120 Meter pro Minute. Nach 15 Minuten befindet er sich bereits in 1000 Metern Tiefe, und der ganze Ausflug in den Orkus kann bis zu anderthalb Stunden dauern. Das Tier besitzt einen Körper, der dem ungeheuren Wasserdruck standhält. Aber ein Mensch würde zur Unkenntlichkeit zerquetscht.

Andererseits ist erwiesen, daß noch niemals ein Pottwal einen einzelnen im Meer schwimmenden Menschen angegriffen hat, so, wie es Haie tun. Professor Hans Hass und der Sporttaucher Paolo Curto umschwammen den Koloß mehrere Male ohne jegliche Vorsichtsmaßnahme und fotografierten ihn von allen Seiten. Der Riese reagierte nicht im mindesten aggressiv.

Zwar gibt es Berichte aus früheren Jahrhunderten aus der Segelschiffahrt, nach denen verletzte Pottwalbullen die Boote der sie peinigenden Walfänger zerschmettert haben, indem sie mit ihrer gewaltigen

Schwanzflosse draufschlugen. Auch sollen die Tiere vereinzelt ein Ruderboot der Harpuniere in ihr Maul genommen und mit dem mächtigen Gebiß zerknackt haben. Herman Melvilles Roman vom weißen Pottwal »Moby Dick« legt davon Zeugnis ab. Aber Menschen, die ihm kein Leid zugefügt haben, sind noch nie von einem Pottwal angegriffen worden. Walweibchen tun das nicht einmal dann, wenn der Mensch dabei ist, sie umzubringen.

Wir stehen hier vor demselben Mysterium, das sich auch um die Delphine und Tümmler webt, ja, sogar auch um die bis zu neun Meter langen Schwert- oder Killerwale und um alle anderen zur zoologischen Unterordnung der Zahnwale gehörenden Meeressäuger, zu der auch die Pottwale zählen. All diese Tiere, die Haie töten können, sind offensichtlich dem Menschen so zugetan, daß sie ihn weder schlagen noch beißen oder gar töten können.

Wenn japanische Fischer einen Delphinschwarm in eine Meeresbucht getrieben haben und wenn sie dann zwischen die Tiere waten und sie mit langen Lanzen abstechen, daß sich das Meer blutrot färbt, bedürfte es nur eines kleinen Schlages mit der Schwanzflosse, um den Todfeind zur Seite zu schleudern. Aber nicht einmal das tun die Delphine mit den Menschen. Es ist, als ob sie des großen Friedensreiches schon teilhaftig wären. Gott allein weiß, warum.

Von Delphinen wissen wir auch seit der griechischen Antike, daß sie ertrinkende Menschen an die Meeresoberfläche heben und ans rettende Ufer bringen. Der

119

Drang zu dieser paradiesischen Hilfeleistung entstammt dem Verhalten dieser »Wunderkinder des Meeres« bei der Geburt. Sobald das Neugeborene erschienen ist, schieben sich zwei, drei, manchmal sogar noch mehr Lebensretter unter das Baby und tragen es nach oben, damit es seine ersten Atemzüge tun kann. Auch verletzten Schwarmgenossen leisten sie so lange diesen Rettungsdienst, bis diese wieder gesund sind und aus eigener Kraft atmen können.

Ganz ähnlich verhalten sich auch Pottwale. Ist während der Geburt aber nur eine »Hebamme« zur Stelle, kann diese das immerhin schon vier Meter lange Junge nicht mit ihrem Kopf oder Rücken tragen, da es immer wieder seitlich abrutscht. In diesem und nur in diesem Fall öffnet die Helferin ihr Riesenmaul, umfaßt mit ihm ganz zärtlich das Neugeborene und bringt es so zum Luftholen an die Oberfläche.

Auch haben Seeleute zahllose Male folgendes beobachtet: Wenn sie einen Pottwal harpuniert hatten, kamen sofort andere Schwarmgenossen herbei, nahmen den Verletzten in ihre Mitte und versuchten ihm zu helfen, leider vergeblich. Die Walfänger haben dieses bewundernswerte Verhalten sogar dazu ausgenutzt, um auch noch diese Lebensretter zu fangen und zu schlachten.

So weit die Tatsachen. Wäre es nicht denkbar, daß der von Gott gesandte Wal mit Jona nicht ebenso umgegangen ist wie eine der geschilderten »Hebammen« mit einem Neugeborenen? In der Bibel heißt es ja auch an der Originalstelle: »Und Jona war im Leibe des Fisches.« Vom Bauch ist hier nicht die Rede. Das ist erst später in Sekundärberichten der Fall. Und die Maulhöhle des Pottwals ist mit drei Metern Länge und zwei Metern Höhe wahrhaftig ein beachtlicher »Innenraum«, in dem es Jona schon einige Zeit ausgehalten haben könnte, sofern das Tier in dieser Zeit nicht tiefer getaucht ist und drei Tage und drei Nächte lang gefastet hat.

Das An-Land-Speien zum guten Ende der Geschichte wird auch mehr ein Pusten gewesen sein. Der hilfreiche Riese faßt immerhin 2000 Liter Luft in seinen Lungen. Seine normale Blasfontäne steigt acht Meter hoch. Der Mensch ist da nicht viel mehr als ein Kaugummi.

Reißende Bestien
werden zu Menschenfreunden
Daniel in der Löwengrube

Ein nicht minder verderblicher Orkus als der Leib
eines Wals ist die Löwengrube, in die nach biblischem
Bericht der fromme und weise Daniel geworfen wurde
und der er wie durch ein Wunder lebend wieder ent-
rann.

Daniel war, obwohl ein Gefangener aus Juda, am Hof
von Babylon erzogen worden. Erste Lorbeeren ver-
diente er sich als Traumdeuter des Königs Nebukad-
nezar. Seinem Nachfolger Belsazar prophezeite Daniel
aus dem flammenden Menetekel während des großen
Gastmahls den baldigen Untergang. So war ihm der
Mederkönig Darius, der nun das Reich übernahm,
sehr zugetan und setzte Daniel als einen von drei Lan-
desfürsten ein. »Daniel aber übertraf alle Fürsten und
Statthalter, denn es war ein überragender Geist in ihm.
Darum dachte der König daran, ihn über das ganze
Königreich zu setzen.« Die klassische Situation für
Minderbegabte, den geistig Höherstehenden durch
eine Intrige aus dem Weg zu räumen.

Die Fürsten und Statthalter erließen ein Gebot, nach
dem jeder des Todes sein sollte, »der in dreißig Tagen
etwas bitten wird von irgendeinem Gott oder Menschen«, außer vom König allein. Daraufhin betete Da-

niel in seinem Haus zu Gott. Dabei wurde er von Spionen beobachtet und angezeigt. Schweren Herzens und gegen seinen Willen mußte König Darius befehlen, »Daniel herzubringen. Und sie warfen ihn zu den Löwen in die Grube« gegen Abend.

Am anderen Morgen aber war Daniel noch am Leben. »Mein Gott hat seinen Engel gesandt, der den Löwen den Rachen zugehalten hat, so daß sie mir kein Leid antun konnten. . . . Da wurde der König sehr froh und ließ Daniel aus der Grube heraus, und man fand keine Verletzung an ihm. . . . Da ließ der König die Männer, die Daniel verklagt hatten, holen und zu den Löwen in die Grube werfen samt ihren Frauen und Kindern. Und ehe sie den Boden erreichten, ergriffen die Löwen sie und zermalmten alle ihre Knochen.«

Damit scheidet der fromme Verdacht aus, König Darius habe seinem Schützling zuliebe etwas manipuliert und die Löwen zuvor überfüttert. Sie fielen ja geradezu heißhungrig über die anderen Delinquenten her. Was also kann sich hier abgespielt haben?

Viele Leute, die im Zirkus Löwendressuren gesehen haben, sind von Daniels Aufenthalt in der Löwengrube nicht sonderlich beeindruckt. Man muß aber wissen, daß ein Dompteur mit seinen Tieren zu arbeiten beginnt, wenn diese noch an der Mutterbrust Milch nuckeln. Langjährige Gewöhnung, systematischer Abbau von Ängsten, Ableitung von Aggressionen auf Ersatzobjekte, Aufbau eines unanfechtbaren Rudelführer-Systems, peinlich genaues Respektieren von Intimsphären rings um jedes Tier und andere Ver-

123

haltenselemente gehören zum Muß-Repertoire eines jeden Tierlehrers. Der kleinste Verstoß dagegen kann ihn bei mehrfacher Wiederholung das Leben kosten.

Einwand: Professor Bernhard Grzimek ist einmal, wie im Fernsehen zu bewundern war, ganz allein in die Arena gestiegen und hat die übliche Löwennummer vorgeführt, ohne daß ihm etwas passiert ist. Mitunter sieht man in einer Galashow auch einen Filmstar, der das gleiche tut. Zeitungen schreiben dann immer, die Boß-Pose oder der bannende Blick habe die Bestien gezähmt. Alles Unsinn!

Die Wahrheit ist viel einfacher: Zirkuslöwen sind nicht stets auf dem Sprung, um bei der geringsten Blöße des Dompteurs über ihn herzufallen. Sie spulen ihr Programm routinemäßig ab. Der Gedanke, den »Neuen« durch einen Angriff zu testen, kommt ihnen erst allmählich. Genau das ist der Grund, weshalb Bernhard Grzimek oder der betreffende Filmstar diese Nummer nie ein zweitesmal wiederholt. Das kann dann nämlich tödlich enden.

Von der zirzensischen Seite kommen wir also an das Wunder Daniels in der Löwengrube nicht heran.

Doch ist Daniels Fall so einzigartig nicht. Kennen wir doch aus der Zeit des römischen Kaisers Caligula (37 bis 41 n. Chr.) die Erzählung von dem Sklaven Androclus, der zum Tode verurteilt und in der Arena wilden Löwen zum Fraß vorgeworfen wurde, weil er seinem Herrn entflohen war. Ein besonders großer Mähnenträger stellte sich jedoch schützend vor ihn und verteidigte ihn mit Erfolg gegen seine gierigen Artgenossen.

Dieser Löwe war nämlich jenes Tier, in dessen Höhle Androclus auf seiner Flucht durch Nordafrika Zuflucht gesucht und in der er das durch einen großen Dorn in der Pfote verletzte Tier ärztlich behandelt hatte. Über viele Jahre hinweg vergaß der Löwe diesen Freundesdienst nicht und rettete nun seinem einstigen Wohltäter das Leben — ein für diese Großkatzen typisches Treueverhalten.

Der Eindruck auf die römische Öffentlichkeit war überwältigend. Der Kaiser schenkte Androclus die Freiheit. Dieser pflegte von nun an zusammen mit dem Löwen durch die Straßen Roms zu flanieren und Geld zu sammeln.

Mit einemmal waren Löwen »in«. Eine beliebte Nummer der Zirkusspiele zeigte nun auch »liebe« Löwen. Sie kamen mit je einem Hasen im Maul in die Arena, ließen ihn mehrfach laufen und fingen ihn immer wieder ein. Sie spielten gleichsam Katze und Maus mit ihm. Das war aber nur eine perfekte Dressur, sonst nichts. Andere »liebe« Löwen liefen zusammen mit Widdern oder Lämmern durch die Manege, ohne ihnen ein Haar zu krümmen. Auch das ist nur eine eingepaukte Nummer und nicht etwa Ausdruck des großen Friedensreichs.

Privatleute hielten sich Löwen in Käfigen. Kaiser Caracalla (198 bis 217 n. Chr.) ließ ein ganzes Rudel in seinem ausgedehnten Wohntrakt frei umherlaufen, wobei ein besonders starkes Tier namens »Akinakes« stets bei ihm schlief und ihm die nötige Autorität gegenüber den anderen Raubkatzen verlieh. Diese Dressur war auch bitter nötig, denn unter Gottes Segen stand dieser barbarische Kaiser gewiß nicht.

Sein mindestens ebenso sadistischer Nachfolger Heliogabal (218 bis 222 n. Chr.) pflegte seine Gäste beim Gelage damit zu »erfreuen«, daß er plötzlich mehrere Löwen in den Saal stürmen ließ. Der Schrecken war panisch. Doch die Bestien taten den Geladenen nichts zuleide. Ein Wunder? Alles andere als das: Den Großkatzen waren kurz zuvor alle Krallen und Zähne gezogen worden. Eine unerhörte Tierquälerei also und das genaue Gegenteil eines göttlichen Impulses! Dem Geheimnis Daniels in der Löwengrube bringt uns dies alles nicht näher.

Oder vielleicht doch eine Zusatzfrage zu dem Beispiel von Androclus? Nehmen wir einmal an, wir begegnen heute als Fußgänger auf der Steppe einem Löwen, der sich einen Dorn in eine Pranke eingetreten hat. Trotz Schmerzen und Gehbehinderung würde er uns niemals an sich heranlassen. Er würde uns umbringen. In der Höhle des Androclus muß sich also noch etwas anderes ereignet haben, wodurch das Herausziehen des Dorns überhaupt erst möglich wurde.

In genauer Kenntnis der Psyche eines Löwen kann dies nur folgendes gewesen sein: Als Androclus die Höhle zum erstenmal betrat, muß das Tier dort im Dunkeln bereits geschlafen haben. Satte Löwen schlummern pro Tag bis zu zwanzig Stunden lang.

Nun hat es mit dem Schlaf wildlebender Tiere eine ganz wunderbare Bewandtnis. Der deutsche Huftierforscher Professor Fritz Walther entdeckte sie 1965 bei den Zebras auf den ostafrikanischen Steppen. Gegen Abend erkundete er mit dem Fernglas den Schlafplatz einer Herde, schlich sich in der Dunkelheit zu Fuß an und legte sich zwischen den Tigerpferden nieder. Gegen Morgen schlief er wider Willen ein.

Plötzlich erhielt er einen zarten Hufschlag aufs Gesäß. Eine Zebrastute blies ihm aus ihren Nüstern ins Gesicht: »Aufstehen, du Schlafpelz! Es geht zur Weide!« Auch für die übrigen Tiere war er fortan einer der ihren. Nach dem Prinzip: »Wer mit uns zusammen geschlafen und uns nachts nichts Böses zugefügt hat, kann unmöglich unser Feind sein!«, bahnte sich auf diese wunderbare Weise ein enges Vertrauensverhältnis zwischen Tier und Mensch an. Bei Antilopen und Gazellen erwies sich dieser Kunstgriff als ebenso erfolgreich. Seither wenden ihn Tierpfleger manchmal in zoologischen Gärten an, um zu ihren Schützlingen einen besonders engen persönlichen Kontakt herzustellen.

So kann auch zwischen Androclus und dem Löwen der Freundschaftsbund gleichsam im Schlaf geschlossen worden sein. »Der Herr gibt's den Seinen im Schlaf.« Und so wäre es auch durchaus denkbar, daß der Mederkönig Darius den gegen seinen Willen zum Tode verurteilten Daniel abends erst dann in die Löwengrube werfen ließ, als die Tiere schon schliefen. Am anderen Morgen waren die »Bestien« dann unfähig, ihrem Mitschläfer, der im Gottvertrauen keinen hysterischen Anfall bekommen hatte, ein Leid zuzufügen. So hat der Herr »der Löwen Rachen verstopft«.

Aber über die anderen Delinquenten, die dann erst unter die Löwen geworfen wurden, fielen sie heißhungrig her.

Insgesamt gesehen, zeichnet die Bibel somit ein janusköpfiges Bild vom Löwen. Einmal ist er die Metapher für die alles in ihren Bann ziehende Macht des Todes. Mitunter wird sein Brüllen mit dem Zorn des Herrn verglichen: »Er hat sein Versteck verlassen wie ein junger Löwe, und ihr Land ist verheert von seinem gewaltigen Schwert und von seinem grimmigen Zorn«, wie der Prophet Jeremia zum Himmel schreit.

An anderer Stelle erzählt das erste Buch der Könige sogar recht anschaulich, wie ein »Mann Gottes«, als er dem Herrn ungehorsam wird, auf seinem Wege von einem Löwen getötet wird. Zu damaliger Zeit waren die Löwen von ganz Nordafrika durchgehend bis Indien weit verbreitet, sogar bis in das Gebiet der heutigen Türkei hinein, ja, bis zum Balkan und nach Griechenland. Iran, Irak, Syrien und Arabien waren von diesen Tieren besiedelt. Auch in Israel lauerten sie allenthalben am Wege. Die Menschen wußten damals also sehr gut, was gemeint war, wenn in einem Gleichnis von Löwen gesprochen wurde.

Andererseits schildert das Buch der Richter, wie der kraftvolle Samson einen Löwen mit bloßen Händen zerreißt — ein Bild, das sich in der griechischen Mythologie im Kampf des Herkules mit einem Löwen beim Peleponnes-Dorf Nemea, zwischen Argos und Korinth gelegen, wiederholt: ein Sinnbild der Kraft, die Gott auserwählten Menschen verleihen kann.

Umgekehrt betrachtet, vermag uns der Herr aus der Bestie Rachen zu erlösen wie einst Daniel aus der Löwengrube. Indessen lassen die eben geschilderten Dinge bereits noch Großartigeres anklingen: die Vorstellung vom Friedensreich.

Gegen Chaosdrachen und Basilisken
Das Friedensreich

Also wird den Menschen das große Friedensreich Gottes verheißen: »Da werden sie ihre Schwerter zu Pflugscharen und ihre Spieße zu Sicheln machen. Denn es wird kein Volk wider das andere das Schwert erheben, und sie werden hinfort nicht mehr lernen, Krieg zu führen ... Da werden die Wölfe bei den Lämmern wohnen und die Panther bei den Böcken lagern. Ein kleiner Knabe wird Kälber und junge Löwen und Mastvieh miteinander treiben. Kühe und Bären werden zusammen weiden, daß ihre Jungen beieinanderliegen, und Löwen werden Stroh fressen wie die Rinder. Und ein Säugling wird spielen am Loch der Natter, und ein entwöhntes Kind wird seine Hand stecken in die Höhle des Basilisken.«

Es wäre zu einfach, dieses Wort nur als Metapher des Jenseitigen abzutun. Die Forderung »Schwerter zu Pflugscharen!« ist inzwischen zur Existenzfrage der Menschheit geworden. Entweder befolgen wir diese Forderung, oder der ganze Erdball wird zu Sodom und Gomorrha. Andererseits erscheint es unvorstellbar, daß dereinst Löwen nur Stroh fressen wie Rinder. Demnach sehen wir auch in dieser Prophezeiung ein Verschwimmen der Grenzen zwischen dem Diesseits

130

und Jenseits von Eden. Deshalb müssen wir die Einzelheiten genauer betrachten.

Über den Säugling, der am Loch der Natter spielt, war im Kapitel über die Rolle der Schlangen in der Bibel schon referiert worden. Wir haben gesehen, daß Kleinkinder noch völlig ohne Arg und Angst mit Schlangen spielen können und daß sich die Reptilien mitunter auf dieses Spiel einlassen. Das ist schon ein kleines Stück vom Paradies.

Was aber hat es mit dem Basilisken (der nur im Urtext erwähnt wird und bei späteren Übersetzungen zur »Otter« wurde) nun auf sich, in dessen Höhle ein entwöhntes Kind seine Hand ungefährdet stecken dürfe? Ursprünglich war der Basilisk in der altorientalischen Mythologie ein reines Fabelwesen und ebenso ein Schreckgespenst wie die beiden Chaosdrachen Leviathan und Rahab, die eine Gigantifizierung des damals in Palästina wohlbekannten und sehr gefürchteten Krokodils sind, und des Ungeheuers Behemoth, jenes »Großtieres«, das, bei Hiob mit dem Leviathan gleichgesetzt, von späteren Bibeldeutern aber fälschlicherweise auf das Flußpferd zurückgeführt wird.

Der Basilisk galt auch als Drache, als eine Mißgeburt aus einem faulen Hühnerei, das von Schlangen, Kröten oder im Mist ausgebrütet wurde. Sein Feuerauge besaß einen tödlichen Blick. Jedes Lebewesen, das er anhauchte, starb, als wäre es von einem Laserstrahl getroffen worden. Und sein Atem war der Legende zufolge giftig und verpestete die Welt. Kirchenväter und antike Schriftsteller wie Plinius übernahmen das

Fabelwesen in ihre Allegorien und Geschichten, schmückten jedoch alles noch weiter aus. Durch bloße Berührung versetzt der Basilisk, so behaupteten sie, Büsche in Flammen und verbrennt alles Gras wie Felsen, über die er kriecht.

Zur allgemeinen Verblüffung entdeckten aber Zoologen einige Zeit nach Kolumbus in Mittelamerika einen achtzig Zentimeter langen »Drachen«, bei dessen Anblick sich die Einheimischen schreiend zu Boden warfen, um nicht von seinem Blick getroffen zu werden. Noch heute tragen abergläubische Ureinwohner einen Spiegel bei sich. Begegnen sie solch einer Leguanechse, decken sie damit ihre Augen ab und hoffen, daß sich das Tier im Spiegel selbst erblicken und töten möge. Obgleich das natürlich niemals passiert, ebensowenig, wie es den tödlichen Blick gibt, führen die Leute jedes kleine Unwohlsein oder auch späteres Unglück auf die Begegnung mit diesem Tier zurück. Deshalb nannten es die Wissenschaftler »Basilisk«.

Im mexikanischen Sprachgebrauch besitzt das Reptil noch einen anderen Namen: »Jesus-Christus-Echse«. Dieses Wesen kann nämlich zweibeinig über das Wasser laufen. Im übrigen hat es zwar stechend erscheinende Augen, ist aber im übrigen ein ganz harmloser, völlig ungiftiger Insektenfresser. Dieses Kunststück des Laufens auf der Wasseroberfläche vollbringt der Basilisk auf folgende Weise:

Wenn er am Flußufer auf einem Baum hockt und zum Beispiel von einer Boa (einer Riesenschlange) angegriffen wird, springt er ab, macht dabei seinen Leib ganz breit und platt, spreizt die Fußzehen, entfaltet zwischen diesen breite Schwimmhäute, die wie Wasserskier wirken, aber auch zum Segelflug taugen, und gleitet auf das Wasser nieder. Dort nimmt der Basilisk die Schräglage eines Skispringers ein, benutzt die Vorderbeine als Segel und strampelt mit nähmaschinenschnellen Schritten der Hinterbeine über die Wasseroberfläche. Dabei erreicht er ein Tempo von zwölf Kilometern pro Stunde und versinkt nicht.

Wie ein flacher Kieselstein, den man waagerecht dicht über das Wasser wirft, der mehrmals von der Oberfläche abprallt und weiterspringt, so glitschen auch die großen Füße der Echse über das Wasser dahin. Forscher maßen Rekordweiten von bis zu 400 Metern, ehe das Tempo des Tieres nachließ und es unterging. Meist aber erreicht es das gegenüberliegende Ufer im vollen Lauf. Diese Begabung ist für den Basilisken lebenswichtig, denn in den Flüssen Mittelamerikas wimmelt es von Raubfischen, die dem Basilisken nach dem Leben trachten. Soll der rettende Sprung in den Fluß nicht zwischen den Zähnen eines Unterwasserfeindes enden, bleibt nur der Fußmarsch über das Wasser. Mit dem allegorischen Bild des über den Wassern schwebenden Heilands hat das hektisch um sein Leben strampelnde Tier indessen herzlich wenig Ähnlichkeit. Die Vision vom Kind, das seine Hand in die Höhle des Basilisken steckt, ist demzufolge als Gleichnis aufzufassen im Gegensatz zum Säugling, der im paradiesischen Friedenszustand am Loch der Natter spielt.

Vom Rausch, anderen zu helfen
Ein kleines Stück vom Paradies

Um zu den Wurzeln der Friedfertigkeit vorzudringen, sei daran erinnert, was ich bereits über die paradiesischen Zustände des Zusammenlebens dargelegt habe: über menschenrettende Delphine und Wale, über Daniel in der Löwengrube, über Zebras und Antilopen, die mit Menschen Freundschaft schlossen, über die erstaunlichen Leistungen der Friedenstauben, über den Honiganzeiger und nicht zuletzt auch über den Adler, der seine abstürzenden Kinder vor dem Abgrund rettet. Es scheint so, als ob die Vision vom großen Friedensreich durchaus schon in kleinen Ansätzen im Tierreich vorgezeichnet ist.

Schauen wir aber im groben Überblick noch weiter: wie unzählige Tiermütter ihre Kinder unter Aufopferung ihres Lebens vor Feinden schützen, wie Männchen und Weibchen füreinander durch dick und dünn gehen, wie in den Schulen der Delphine, in den Rudeln der Wölfe und Löwen, in den Schwärmen der Rabenvögel, in den Horden der Mungos und Affen zuverlässige Friedenssysteme praktiziert werden. Es wird dann deutlich, daß alle diese Tiere ohne ein bestimmtes Quantum an Friedfertigkeit, Zusammenarbeit und Hilfsbereitschaft nicht existieren könnten.

Dieser Aspekt hat in der Verhaltensforschung in den letzten Jahrzehnten eine Vielzahl von Bestätigungen erfahren. Trotzdem herrscht im allgemeinen noch der Eindruck vor, Tiere wären brutal und sexbesessen. Bei ihnen herrsche ausschließlich das Gesetz des Stärkeren, die Kralle und der Zahn, das Wort »tierisch« sei gleichbedeutend mit niedrig, primitiv und gemein, Tiere wären gefühllose Instinktwesen, Reflexautomaten. Weil diese grundsätzlich falsche Einstellung das echte Verständnis für die Tiere und auch für die Einstellung der Bibel zu ihnen blockiert, seien hier noch einige Beispiele für die Friedfertigkeit, Freundschaft und Hilfsbereitschaft unter diesen Geschöpfen Gottes skizziert.

Wenn im etwa zwanzigköpfigen Rudel der afrikanischen Zwergmungos ein Mitglied von einer Giftschlange gebissen wurde und daraufhin für einige Tage schwerkrank danliederliegt, lassen ihm seine Kumpane eine regelrechte Krankenpflege angedeihen. Sie wärmen es mit ihren Körpern, lecken es von oben bis unten ab, massieren und waschen es also. Sie stellen ihm den besten Schlafplatz als Krankenlager zur Verfügung, bringen ihm Nahrung und verteidigen es gegen Feinde, bis es wieder gesund geworden oder gestorben ist.

Wenn in einer Herde weiblicher Afrikanischer Elefanten nachts ein Junges geboren wird und gleichzeitig ein Rudel Löwen angreift, genügen nur einige Trompetenstöße, und alle anderen Elefantenherden, die es hören, auch die der Bullen, eilen dann sogleich aus kilometerweiter Ferne im Laufschritt herbei und walzen in einem wilden Beat alles nieder, was nach Löwe riecht und sich nicht schleunigst aus dem Staube macht. Mit dieser gewaltigen Gemeinschaftsaktion retten sie dem Baby das Leben.

Fällt in einer Kolonie der Weißbart-Seeschwalben ein Küken aus dem Nest auf einem Lotosblatt ins Wasser, droht ihm Lebensgefahr. Zwar ertrinkt es nicht, weil es so federleicht ist und wie ein Sektkorken immer oben schwimmt, aber es kann an Unterkühlung und Erschöpfung sterben. Das kleine, laut piepsende Wesen wieder auf das Lotosblatt hinaufzubefördern übersteigt die Kräfte der Elternvögel. Was also tun? Auf die Notschreie hin kommen alle erwachsenen Seeschwalben, die sie hören, zusammen. Eine jede schleppt Schilfhalme und Zweige herbei und schiebt sie unter das in Seenot befindliche Küken. So entsteht, auch hier in bravouröser Gemeinschaftsaktion, ein regelrechtes Floß, ein Rettungsboot für das junge Leben.

Wenn eine weibliche Schlanklibelle in halbstündiger Arbeit ihre Eier 15 Zentimeter tief an Wasserpflanzen abgelegt hat und wieder nach oben kommt, klebt sie meist mit den so überaus zarten Flügeln auf der Wasseroberfläche fest. Tod durch Ertrinken unmittelbar nach der Zeugung neuen Lebens? Nein! Denn sogleich schwebt das Männchen herbei, ergreift die Schiffbrüchige mit seiner Hinterleibzange am Genick und zieht sie im Senkrechtstart wie ein Hubschrauber aus dem Wasser. Gelingt ihm das nicht, weil das Weibchen zu schwer ist, eilt noch ein zweites Männchen herbei, meist der große Rivale, mit dem das erste Männchen noch vor kurzem heftige Revierkämpfe ausgefochten hat. Und gemeinsam retten beide der Ertrinkenden das Leben.

Als ich dieses regelmäßig zu beobachtende Verhalten einem breiten Publikum vortrug, wurde mir unzulässige Vermenschlichung der Libellen vorgeworfen: »Die Männchen haben mit dem Weibchen doch nur Sex im Sinn!« Der Kritiker wußte nicht, daß Professor Armin Heymer von der Universität Paris diese Frage zu genau dieser Zeit untersuchte: Die Männchen tragen das durchnäßte Weibchen an einen trockenen, möglichst sonnigen Platz am Ufer, legen es zart nieder, entfernen sich sogleich und fliegen ihrer Wege. In Sachen Sex spielt sich dabei überhaupt nichts ab! Warum die Menschen den Tieren immer so etwas unterstellen? Und was heißt in diesem Zusammenhang Vermenschlichung?

Ein lebendes Wesen kann aus zwei sehr unterschiedlichen Motiven heraus hilfsbereit und altruistisch handeln und andere retten. Entweder befiehlt es ihm der Instinkt. Dann reagiert es unbewußt und rein gefühlsmäßig, im Normfall jedoch richtig. Oder es verhält sich durch einen Denkprozeß bewußt einsichtig. Welche Antriebskraft im Einzelfall verantwortlich ist, läßt sich meist nur schwer feststellen.

Für unsere Betrachtung ist es auch unwesentlich, ob die Schöpfung bei Tieren den einen oder den anderen Weg beschritten hat, um sie zur Hilfsbereitschaft zu bewegen. Wichtig ist allein das obwaltende Prinzip: Die Nächstenliebe — oder eine instinktive Vorform dazu — wurde in die Welt gebracht, weil sie dem Leben und Gottes Geschöpfen dienlich ist.

Wenn in einer Zebraherde, die aus einem Hengst und etwa zehn Stuten mit deren Jungen besteht, ein Fohlen verlorengegangen ist, etwa, weil es im hohen Steppengras eingeschlafen war und den Anschluß verpaßt hat, als die Gruppe weiterzog, verharren die Mutter und die anderen Stuten eng zusammengeschart am Ort, während der Hengst lostrabt, um den verlorenen Sohn zu suchen. Das kann Stunden dauern. Inzwischen machen sich andere Hengste aus der Junggesellenherde an die Stuten heran. Aber sie werden alle ohne Ausnahme durch Huftritte gegen die Brust und Bisse in den Hals abgewiesen.

Professor Hans Klingel hat in der afrikanischen Wildbahn einmal einen solchen Fall simuliert, indem er den Hengst mit einer Betäubungsspritze aus dem Verkehr zog. Sechs Tage lang wehrten die Stuten jeden »Herrenbesuch« ab. Dann erst erlaubten sie einem anderen Leithengst, sich ihnen mit seinen Stuten anzuschließen. Aber als der Forscher dann den alten Hengst wieder zu seiner Herde ließ, hatte vom selben Augenblick an der neue nicht mehr die geringste Chance.

Wenn Lawinensuchhunde Verschüttete aufspüren sollen, erfüllt es uns immer wieder mit Bewunderung, mit welchem Eifer sie an ihr Rettungswerk gehen, wie sie noch nach stundenlangen Strapazen bei nächtlicher Fackelbeleuchtung oder in schneidendem Schnee-

138

sturm, wenn die Menschen schon aufgeben wollen, immer noch suchen, wie sie, wenn sie fälschlicherweise an der Leine geführt werden, diese durchbeißen, um zur richtigen Stelle eilen zu können, wie sie für alles das nur durch das Erfolgserlebnis einer Menschenrettung und niemals durch Futter belohnt werden können und wie sie sich, wenn der von ihnen im Schnee entdeckte Mensch schon tot ist, mit unter den Leib geklemmtem Schwanz und niedergeschlagenen Ohren laut heulend neben den Toten legen und weder für Lob noch Liebkosung oder Trost ihres Herrn empfänglich sind. So könnte die Reihe der Beispiele für Hilfsbereitschaft und Rettung von Leben im Tierreich lange fortgesetzt werden. Die 18 Bücher, die ich bisher über das Verhalten von Tieren geschrieben habe, sind damit angefüllt.

Wir sollten uns mit dem Gedanken vertraut machen, daß bereits in einer stattlichen Anzahl höherentwikkelter Tierarten ein erster Abglanz der göttlichen Gnade zur Nächstenliebe zu erkennen ist. Es ist ein kleines Stück auf dem Weg zum Paradies. Dieser Aspekt, der erst in den letzten Jahrzehnten von der Verhaltensforschung entdeckt wurde, revolutioniert unsere gesamte Einstellung zur belebten Natur. Bis vor kurzem galt noch der sogenannte »Kampf ums Dasein« als angeblich biologisches Gesetz, also die Maxime vom Überleben nur des Stärkeren, vom »Fressen und Gefressenwerden«, die als Entschuldigung oder Vorwand für unmenschliche Verhaltensweisen in Wirtschaft, Politik und anderen zwischenmenschlichen Beziehungen herhalten mußte und unendliches Leid und Elend in die Welt gebracht hat. Diese Grundeinstellung hat die Biologie in den Augen der Kirche und der Geisteswissenschaften als unbrauchbar für die Höherentwicklung des menschlichen Geistes diskreditiert — mit vollem Recht. Sie gilt als Inbegriff des Satanischen und ist eine wesentliche Ursache für den bislang unversöhnlichen Gegensatz zwischen Christentum und Naturwissenschaft. Dabei liegen all dem Unwissenheit und Mißverständnisse zugrunde. Der Hauptfehler: Man sah nur »den Menschen« auf der einen und »das Tier« auf der anderen Seite. Wenn wir Löwen und Gazellen in einen Topf werfen, Wölfe und Lämmer, Falken und Tauben, Haie und Heringe, dann erscheint die Fauna tatsächlich als ein einziges barbarisches »Fressen und Gefressenwerden«. Aber sobald wir jede Tierart für sich als etwas Eigenständiges betrachten, entdecken wir ermutigende Ansätze zur friedlichen Gemeinsamkeit. Natürlich gibt es auch zwischen artgleichen Tieren Kämpfe und Unterdrückung bis hin zum Kannibalismus. Aber diese ungewöhnlichen Verhaltensweisen brechen nur als Entartungserscheinung hervor, etwa bei Übervölkerung oder Hungersnot — just wie beim Menschen. Und gerade an dieser Problematik können wir erkennen, welche Mechanismen unsere Welt zur Hölle werden lassen anstatt zum Friedensreich. So steuern wir auf diesem Gebiet auf eine Gemeinsamkeit von Religion und Forschung zu, wenn nur nicht dieser elende Streit um die Schöpfungsgeschichte wäre.

Und die Bibel hat doch recht
Die Schöpfungsgeschichte

Ein weiterer Aspekt hat seit langen Zeiten Zwietracht gesät zwischen Kirche und Biologie: die Schöpfungsgeschichte. Vor allem zeihen Evolutionsforscher seit Charles Darwins Zeiten den Bibeltext der Märchenerzählung, während der Klerus die militanten Darwinisten der Häresie beschuldigt. Cum grano salis, und mit etwas mehr Demut wäre auch dieser Streit vermeidbar gewesen. Untersuchen wir die Dinge einmal im Detail.

»Am Anfang schuf Gott Himmel und Erde«, so heißt es in der Genesis. »Und die Erde war wüst und leer, und die Finsternis war über der Tiefe; und der Geist Gottes schwebte über den Wassern.«

Dies deckt sich exakt mit der naturwissenschaftlichen Forschung. Theologisch von essentieller Bedeutung hierbei ist die Schöpfung der Welt aus dem Nichts. Und genau dies postulieren auch die Atomphysiker in ihrer »Big-bang-Theorie«, nach der die Materie aller Sterne, Galaxien und Galaxienwolken bei einem »Urknall« erschaffen wurde und nach der sich seither (seit etwa 13 Milliarden Jahren) das Weltall ständig ausdehnt. Aus nunmehr entstandenem kosmischem Staub bildeten sich die Himmelskörper samt der Erde. Ihre Oberfläche war zunächst tatsächlich »wüst und leer«. Ein völlig geschlossener und sehr dicker Wolkenvorhang schirmte, wie heute noch beim Planeten Venus, alles Licht ab. »Finsternis war über der Tiefe.« »Und Gott sprach: Es werde Licht! Und es ward Licht. Und Gott sah, daß das Licht gut war. Da schied Gott das Licht von der Finsternis und nannte das Licht Tag und die Finsternis Nacht.« Das war der erste Schöpfungstag. Allmählich riß die Wolkendecke ein wenig auf, Sonnenhelle drang diffus zur Erdoberfläche durch, und infolge der Rotation unseres Planeten entstanden Tag und Nacht. Alles in Ordnung so.

»Und Gott sprach: Es werde eine Dimension (so der Urtext) inmitten der Wasser, und sie scheide die Wasser von den Wassern! Und Gott machte die Dimension und schied die Wasser, welche unterhalb der Dimension, von den Wassern, die oberhalb der Dimension sind. Und es ward also. Und Gott nannte die Dimension Himmel.« Das war der zweite Schöpfungstag. Ein Kommentar ist fast überflüssig: Zunächst war der heiße Planet nur von Wasserdampf, also von Wolken, umhüllt. Als es kühler wurde, regnete es aus den Wolken in Strömen auf die Erde nieder. Dieser Überzeugung sind heute auch alle Geologen.

»Und Gott sprach: Es sammeln sich die Wasser unter dem Himmel an besondere Orte, und es werde sichtbar das Trockene. Und es geschah so. Und Gott nannte das Trockene Erde, und die Sammlung der Wasser nannte er Meere. Und Gott sah, daß es gut war.« Die Erdoberfläche verkrustete also. Es entstanden Erhebungen, nämlich die Kontinente. Dazwischen wogten die Meere. Kein Geologe wird an diesem Tatbestand den geringsten Zweifel hegen.

»Und Gott sprach: Es lasse die Erde aufgehen Gras und Kraut, das Samen bringe, und fruchtbare Bäume auf Erden, die ein jeder nach seiner Art Früchte tragen, in denen ihr Same ist. Und es geschah so.« Das war der dritte Schöpfungstag. Da sich Tiere von Pflanzen ernähren, müssen letztere zuerst auf der Welt gewesen sein. Das bestätigt jeder Versteinerungen sammelnder Paläontologe. Also auch hier kein Einwand gegen die Darstellung der Bibel. Das grenzt an ein Wunder, wenn wir bedenken, daß die Bücher Mose vor etwa 2800 Jahren aufgezeichnet worden sind — ohne jegliche Forschung und Wissenschaft!

»Und Gott sprach: Es werden Lichter an der Dimension des Himmels, die da scheiden Tag und Nacht und geben Zeichen, Zeiten, Tage und Jahre; und sie seien Lichter an der Dimension des Himmels, daß sie scheinen auf die Erde. Und es geschah so. Und Gott machte zwei große Lichter: ein großes Licht, das den Tag regiere, und ein kleines Licht, das die Nacht regiere, dazu auch die Sterne.« Das war der vierte Schöpfungstag.

Dies soll natürlich nicht heißen, daß Sonne, Mond und Sterne erst nach den Pflanzen auf der Erde erschaffen worden sein sollen. Vielmehr war zu dieser Zeit erst der Wolkenvorhang über der Erdkugel so dünn und so weit aufgerissen, daß nicht nur die Tageshelligkeit wie bisher diffus hindurchdrang, sondern daß nunmehr auf der Erde die Gestirne sichtbar wurden.

Und es soll auch nicht heißen, daß alles im Verlauf von nur 24 Stunden geschehen ist. Die Zeitangaben der Bibel sind ohnehin nicht als mathematische Größen aufzufassen, allenfalls nach ihrem Bedeutungsgehalt. Es steht bereits geschrieben, »... daß ein Tag vor dem Herrn ist wie tausend Jahre und tausend Jahre sind wie ein Tag«. Und statt tausend können wir getrost auch Hundertmillionen setzen. In diesem Sinne hat das Zweite Vatikanische Konzil (1962 bis 1965) Freiheit gegeben, die Schöpfungsgeschichte den Erkenntnissen der Naturwissenschaften anzupassen. Untersuchen wir also den weiteren Lauf der Ereignisse:

»Und Gott sprach: Es wimmele das Wasser von lebendigem Getier, und Vögel sollen fliegen auf Erden unter der Dimension des Himmels. Und Gott schuf große Wale und alles Getier, das da lebt und webt, davon das Wasser wimmelt, ein jedes nach seiner Art, und alle gefiederten Vögel, einen jeden nach seiner Art«. Das war der fünfte Schöpfungstag.

Besonders an diesem Punkt entzündet sich der Streit zwischen Biologie und Christentum: bei der Erschaffung der Tiere, »ein jedes nach seiner Art«.

Früher deuteten Kirchenlehrer es so, als wäre jede Tierart vom Wasserfloh bis zum Elefanten vor Äonen so erschaffen worden, wie wir sie noch heute völlig unverändert vor uns haben. Eine Weiter- oder Höherentwicklung, also eine Evolution, dürfte nach ihrer Meinung nicht stattgefunden haben. Aber gerade die Höherentwicklung haben die Biologen auf ihre Fahnen geschrieben.

144

In Sachen Evolution kommen wir nur voran, wenn wir sie differenziert betrachten. Vor allem müssen wir hier erwiesene Tatsachen von Thesen und Spekulationen trennen.

Erwiesene Tatsachen hat in erster Linie die Paläontologie erarbeitet, also jene Wissenschaft, die sich mit den Versteinerungen längst ausgestorbener Tiere und Pflanzen befaßt. Nach ihren Erkenntnissen zeichnet sich im Stammbaum der Lebewesen unzweifelhaft eine Entwicklungslinie ab. Folglich hat es eine Evolution gegeben, und wer das in Abrede stellt, ist ein Ignorant.

Das aber steht noch nicht in einem Gegensatz zur Bibel. An keiner Stelle behauptet sie, daß alle Lebewesen auf einen Schlag erschaffen wurden, der Elefant gleichzeitig mit dem Wurm. Der Begriff der »fortdauernden Schöpfung«, der *»creatio continua«*, ist durchaus mit dem Wort Gottes vereinbar. Die Evolution ist der Schöpfungsprozeß.

Es ist jedoch zu bedenken, daß der letzte Schöpfungsakt auf Erden, also die Entstehung der vorerst letzten Spezies von Lebewesen, schon sehr weit zurückliegt: 100 000 Jahre. Damals wurde der Mensch erschaffen. Alle Tierarten existieren schon seit sehr viel längerer Zeit auf unserem Planeten, »ein jedes nach seiner Art«: die Menschenaffen seit 1,8 Millionen Jahren, die Affen seit 40 Millionen Jahren, um nur die »jüngsten« Erscheinungen zu nennen. Seit wir Menschen auf der Welt sind, ist kein anderes »neues« Lebewesen mehr, keine neue Tierart hervorgebracht worden — ein

Aspekt, der heute weitgehend übersehen wird. Insofern hat die Bibel also doch recht, wenn sie den Menschen als die letzte Schöpfung Gottes behandelt.

Biologen werden allerdings nicht müde, in ihren Laboratorien neue Wesen zu synthetisieren. Da werden unter anderem winzige Fruchtfliegen mit radioaktiven Strahlen beschossen, um deren Erbmasse in den Chromosomen zu verändern und mit diesen Mutationen neue Arten herzustellen. Menschen maßen sich also an, in den Akt der Schöpfung einzugreifen.

Millionenfach ist der Eingriff durchgeführt worden, ebenso millionenfach entstanden nur Mißbildungen: verkrüppelte Beine, deformierte Flügel, verunstaltete Leiber, monströse Köpfe, sehunfähige Augen und dies alles in tausendfältigen Variationen. Meist starben die Kreaturen schon im Ei. Aber noch nie entstand auch nur eine einzige lebensfähige, geschweige denn verbesserte Art.

Um keine Mißverständnisse aufkommen zu lassen: Die Züchtungsforschung leistet Erstaunliches. Sie bringt, je nach Wunsch der Wirtschaft, vollfette Hängebauchschweine oder extrem fettarmes Borstenvieh hervor. Ihr gelingt es, federlose, dünnknochige, laufunfähige, eiermassenlegende Batteriehühner zu produzieren und kurzstämmige, pflege- und pflückleichte, gegen Pflanzenkrankheiten und Fäulnisbefall widerstandsfähige Obstsorten, um nur drei Beispiele unter Tausenden herauszugreifen.

Beachtlich, wenngleich fragwürdig, sind auch die Erfolge der Gentechnologie.

Aber bei alledem überschreiten die Produkte der Züchtungsforschung niemals die Grenze zu einer anderen Artzugehörigkeit. Schwein bleibt Schwein, und Apfel bleibt Apfel. Und genau das ist das Entscheidende im Gegensatz zur Entstehung neuer Arten durch den göttlichen Schöpfungsakt.

Würde hier der vielzitierte Zufall walten, den die Evolutionsforscher an die Stelle von Gott setzen, so müßte er doch in den Jahrzehnten seit 1950 in Hunderten von Laboratorien in aller Welt bei Millionen von Mutationen endlich einmal verbesserte, lebensfähige Arten hervorgebracht haben. Aber nichts dergleichen ist je geschehen unter dem Beschuß mit radioaktiven Strahlen, nichts als schauerliche Mißgeburten und beim Einkreuzen spezieller Gene nur Variationen im Erscheinungsbild ein und derselben Art.

Somit kann die biologische Theorie über den molekularen Mechanismus, mit dem die Evolution angeblich arbeitet, unmöglich der Wahrheit entsprechen. Und damit kann auch das Konzept vom Zufall bei der Mutation nicht stimmen, ebenso wie das der Selektion durch den Kampf ums Dasein, jener barbarischen und gottlosen These.

Die Verwechslung des Schöpfers mit der Schöpfung, der die Biologie in diesem Fall unterliegt, betrachtet die Kirche also nicht ohne Grund als Ursünde. Ich muß es noch einmal hervorheben, was Evolutionstheoretiker immer verschweigen: Noch nie ist ein Mensch Zeuge der Entstehung einer neuen Art aus einer alten gewesen. Beim Paradepferd der Genetik, dem Hund und seiner Haustierwerdung aus dem Wolf, können wir so viele Rassen vom Schoßpinscher bis zum Bernhardiner züchten, wie wir wollen. Es bleibt doch immer die zoologische Art *Canis lupus,* zu der alle Wölfe und Hunde zählen. Noch nie wurde eine Katze oder ein »Nasobem« daraus.

Was im Detail geschah, als früher einmal eine Art aus einer vorangegangenen entstand, weiß trotz vieler Theorien bis heute niemand. Das sollte Naturwissenschaftler zu jener Demut führen, von der eingangs dieses Kapitels die Rede war. Gott durch einen genetischen Zufall ersetzen zu wollen entbehrt nach meiner Meinung bis in unsere Zeit hinein jedes naturwissenschaftlich belegbaren Hintergrunds.

Frage doch die Vögel
Die Einstellung zu Natur und Tieren

Nur wenige Stellen der Schrift sind so gründlich miß-
verstanden worden wie zwei Passagen der Schöpfungsgeschichte. Die Folgen sind bis heute verheerend.

Als Gott die Menschen erschaffen hatte, sprach er zu
ihnen: »Seid fruchtbar und mehret euch und füllet die
Erde und machet sie euch untertan und herrschet über
die Fische im Meer und über die Vögel unter dem
Himmel und über das Vieh und über alles Getier, das
auf Erden kriecht.«

Und nach Noahs Errettung vor der Sintflut spricht der
Herr zu ihm und seinen Söhnen: »Furcht und Schrek-
ken vor euch sei über allen Tieren auf Erden und über
allen Vögeln unter dem Himmel, über allem, was auf
dem Erdboden wimmelt, und über allen Fischen im
Meer; in eure Hände seien sie gegeben. Alles, was sich
regt und lebt, das sei eure Speise; wie das grüne Kraut
habe ich's euch alles gegeben.«

Hieraus zu folgern, alle Tiere seien vogelfrei und dürf-
ten nach Belieben gequält und ausgerottet werden, ist
eklatante Blasphemie. Und dennoch ist eben das die
tägliche millionenfache Praxis brutaler Menschen.

Alle Tiere sind eine Schöpfung Gottes. Das steht klar

und eindeutig in der Bibel. Und wenn Gott uns auch zum Herrscher über die Tiere erhoben hat, so heißt das doch noch lange nicht, daß wir sie in die barbarische Folterzange nehmen dürfen. Als 1970 der weltberühmte deutsche Tierschützer Professor Bernhard Grzimek sagte, die Ausrottung einer Tierart sei ein schlimmeres Verbrechen als die Zerstörung der Akropolis oder des Kölner Doms, erhob sich ein Sturm der Entrüstung. Man beschuldigte ihn der Gotteslästerung. Wieso eigentlich? Tiere sind, ich will es noch einmal wiederholen, die Schöpfung Gottes. Bauten, auch sakrale, sind lediglich von Menschenhand erschaffene Werke.

Wie heißt es so schön im Buche Hiob: »Frage doch das Vieh, das wird dich's lehren, und die Vögel unter dem Himmel, die werden dir's sagen, oder die Sträucher der Erde, die werden dich's lehren, und die Fische im Meer werden dir's erzählen. Wer erkennte nicht an dem allen, daß des Herrn Hand das gemacht hat, daß in seiner Hand ist die Seele von allem, was lebt, und der Lebensodem aller Menschen?«

Warum wird all dies von uns Menschen immer wieder verdrängt zugunsten einer maßlosen Selbstüberschätzung? Auch wenn es in der Schöpfungsgeschichte heißt: »Und Gott sprach: Lasset uns Menschen machen, ein Bild, das uns gleich sei«, oder nach dem Urtext: »Lasset uns Menschen machen in unserem Bilde, nach unserem Gleichnis«, so bedeutet das doch wirklich nicht, daß wir Menschen Gott gleich wären.

Aber viele Leute legen das so aus und bilden sich noch

etwas darauf ein, vor allem in heutiger Zeit. Sie »verbessern« Gottes Schöpfung, indem sie federlose, dünnknochige, laufunfähige, Rieseneier legende Batteriehühner züchten, indem sie riesige tropische Urwälder »urbar« machen, also in Steppen verwandeln und Steppen in Wüsten, indem sie Millionen Tiere sinnlos morden: die Bisons auf nordamerikanischen Prärien; die Wale, Heringe und Robben fast vernichten, 200 Millionen Zugvögel alljährlich in Italien schießen; indem sie in den letzten drei Jahrzehnten mehr als 4000 Tier- und Pflanzenarten unwiederbringlich ausgerottet haben; indem sie die Wälder sterben lassen; die Luft, den Erdboden, das Süßwasser und die Meere vergiften, bis wir unsere eigene Existenz auf Erden ruiniert haben; indem sie ein atomares Vernichtungspotential schaffen, das genügt, um tausend Sonnen in die Luft zu sprengen; indem sie in ihrer vermeintlichen Gottähnlichkeit Dinge erschaffen, die uns im nachhinein als Antischöpfung dem Untergang entgegentreiben.

Sind das nicht alles die gravierendsten Todsünden?

Leider jedoch fühlt sich die Kirche hier nicht voll verantwortlich. Dabei böte die Bibel durchaus die notwendige Grundlage. Es hat geradezu den Anschein, als ob der Klerus in früheren Jahrhunderten seine Antipathie gegen jene die Bibel kritisierenden Naturwissenschaftler auf die unschuldigen Geschöpfe der Natur, auf die Tiere, übertragen und sich von ihnen distanziert habe.

Eine berühmte Ausnahme, der heilige Franziskus von

Assisi, war und blieb bedauerlicherweise ein klerikaler Außenseiter.

Überall, wo sich die Heilige Schrift mit dem Naturgeschehen befaßt, sind Diskrepanzen zur Biologie von gestern zu verzeichnen, aber dafür gerade um so wunderbarere Übereinstimmungen mit jener Biologie, die heute von einem großen Teil der Verhaltensforscher betrieben wird.

Bereits König Salomo gewann einen guten Grad seiner Weisheit aus der Beobachtung von Tieren. »Und er redete über das Vieh und über die Vögel und über das Gewürm und über die Fische«, heißt es im ersten Buch der Könige. Nobelpreisträger Professor Konrad Lorenz hat das für einen Buchtitel etwas frei mit »Und er redete mit dem Vieh, den Vögeln und den Fischen« abgewandelt. Aber das zeigt ja nur, daß er bei seiner Erforschung der Tierseele auf dem von Salomo beschrittenen Weg weitergegangen ist.

Ein besonders schönes Beispiel für das Gewinnen einer dem Menschen dienenden Weisheit aus dem Tierverhalten gibt uns Salomo in seinem Spruch gegen die Faulheit: »Geh hin zur Ameise, du Fauler, sieh an ihr Tun und lerne von ihr! Wenn sie auch keinen Fürsten noch Hauptmann, noch Herrn hat, so bereitet sie doch ihr Brot im Sommer und sammelt ihre Speise in der Ernte.«

Hierbei handelt es sich offensichtlich um die nordafrikanisch-levantinische Getreideameise *Messor barbarus*. Betrachten wir einmal ihr emsiges Treiben:

Sie sammelt in der Erntezeit Gras- und Getreidesamen

in unterirdischen Vorratskammern, um die folgenden Dürremonate zu überleben. Die Getreidesilos eines Millionenstaates können sich über ein Areal von fünfzig Metern Durchmesser erstrecken und mehr als tausend metertiefe Speicherhöhlen mit bis zu zehn Zentnern Getreide umfassen. Um sie zu füllen, müssen die sechs Millimeter kleinen Tiere eine gewaltige Arbeitsleistung vollbringen. Tag und Nacht marschieren ihre Heerscharen auf in Jahren ausgetretenen Pfaden zu den Erntefeldern und kehren, ein jedes Tier mit einem Korn zwischen den Mandibeln, wieder heim.

Vor dem Nesteingang nehmen zehn Millimeter große Soldaten die Ernte in Empfang, knacken die »Nüsse« mit ihren kräftigen Kieferzangen, entspelzen die Frucht und geben sie an Transportarbeiterinnen weiter, die sie in den Silos einlagern. Allmählich entsteht bei jedem Soldaten ein bis zu fünf Zentimeter hoher Abfallhaufen, insgesamt eine weite Pyramidenkolonie.

Der gesamte Staat ist in fieberhafter, pausenloser Tätigkeit. An Schlaf denken sie nicht, weder am Tage noch in der Nacht. Pausieren und Urlaub sind unbekannte Begriffe. Der Arbeitstag hat exakt 24 Stunden — viele Wochen lang. Manchmal bleibt ein Tierchen auf der Ameisenstraße stehen und döst etwas vor sich hin. Aber gleich kommt eine nachfolgende Sammlerin und rempelt den Säumigen an, und gleich geht es wieder weiter in vollem Arbeitstempo. Denn wenn das Pensum nicht erfüllt wird, muß der Staat in den kommenden mageren Monaten zugrunde gehen.

Womit sich bewahrheiten würde, was Salomo dem Faulen ironisch zuruft: »Ja, schlafe noch ein wenig, schlummre ruhig, schlage die Hände ineinander ein wenig, daß du schlafest, so wird dich die Armut übereilen wie ein Räuber und der Mangel wie ein feindlicher Krieger.«

Also auch schon im Alten Testament: Lehrstücke für den Menschen aus dem Leben der Tiere, wie sie die moderne Verhaltensforschung nicht besser liefern könnte!

Dies eben referierte Beispiel wirft eine Frage nach einem weiteren vielzitierten Bibelwort auf: »Ihr sollt euch nicht Schätze sammeln auf Erden«, heißt es im Evangelium des Matthäus. »Sehet die Vögel unter dem Himmel an: sie säen nicht, sie ernten nicht, sie sammeln nicht in die Scheunen; und euer himmlischer Vater nährt sie doch.«

Hiergegen führten Biologen ins Feld, daß es eben doch eine ganze Reihe von Tieren gibt, die in die Scheunen sammeln, nicht nur die eben beschriebenen Getreideameisen, nicht nur Bienen und Hummeln, nicht nur die hierfür allbekannten Eichhörnchen und Feldhamster, nicht nur Biber, Bisam, Maulwurf, Rötel- und Schneemaus, nicht nur Pfeifhase, Streifenhörnchen, Rotfuchs, Wolf und Hermelin, sondern auch Vögel wie Eichel-, Tannen- und andere Häher, wie Eichelspecht, Kleiber, Sumpfmeise, Neuntöter, Stein-, Wald- und Sperlingkauz, um nur einige zu nennen.

Aber all diesen Tieren geht es nicht darum, Schätze

154

nur der Eitelkeit oder des Geltungstriebes zuliebe aufzuhäufen, sondern um für das nackte Überleben in künftigen Notzeiten vorzusorgen. In diesem Sinne betrachtet, besteht kein Widerspruch zwischen Bibel und Biologie.

Im Gegenteil. Betrachten wir einmal einen jener sehr vielen Vögel, die nicht in die Scheunen sammeln, etwa die Kohlmeise.

Wie überlebt sie einen harten Winter?

Vielen Lesern wird schon folgendes aufgefallen sein: Hängen wir den Meisen einen Talgring mit Körnerfutter vor das Fenster, kommen sie alsbald herbei, picken nur ganz wenig davon und verschwinden wieder, um erst später wieder zu erscheinen und abermals nur ein wenig zu knabbern.

Würden sie nach Art gieriger Menschen eine eben entdeckte Futterquelle sogleich vollständig ausbeuten, wüßten sie hernach nicht, wo und wie sie sich in Zukunft ernähren sollten, und müßten elend verhungern. So aber kennen sie an die zwanzig auch in Zukunft nicht so leicht versiegende Fundorte, etwa in den Rindenritzen eines Baumstammes, in den Zapfen eines Nadelbaumes, an der Flanke eines Komposthaufens, im Futterhäuschen am Fenster der Menschen. Eine beneidenswerte Methode, gerade durch Maßhalten die Zukunft zu sichern.

Das ist genau die Botschaft, die uns die Bibel vermitteln will.

Noch verblüffender werden die Übereinstimmungen, wenn wir dem Prediger Salomo bei seiner Rede über die Vergänglichkeit des Menschen lauschen: »Ich sprach in meinem Herzen: Es geschieht wegen der Menschenkinder, damit Gott sie prüfe und sie sehen, daß sie selber sind wie die Tiere. Denn es geht dem Menschen wie den Tieren: wie diese sterben, so stirbt auch er, und sie haben alle einen Odem, und der Mensch hat den Tieren nichts voraus; denn es ist alles eitel. Es fährt alles an einen Ort. Es ist alles aus Staub geworden und wird wieder zu Staub. Wer weiß, ob der Odem der Menschen aufwärts fahre und der Odem der Tiere hinab unter die Erde fahre?«

Die Hoffnung auf eine Auferstehung kam erst viel später durch Christus in die Welt. Aber wer will sagen, daß allein »der Odem der Menschen aufwärts fahre« und jener der Tiere nicht? Vielleicht gehören wir Menschen der einzigen Spezies an, die sich Gedanken über Gott und das Jenseits machen kann. Aber das ist doch noch lange kein Grund anzunehmen, daß deshalb alle Tiere als Geschöpfe Gottes der ewigen Verdammnis preisgegeben wären.

Wie groß oder klein wir den Unterschied zwischen Menschen und Tieren einschätzen, hängt von der Größe des Bildes ab, das wir uns von Gott und uns selbst machen. Halten wir uns für gottähnlich, verachten wir die Tiere als niederes Gewürm. Ist für uns Gott die auch im Kleinsten wirkende, weltallumfassende Unendlichkeit, werden uns die Tiere zu Brüdern.

Doch zurück zum weisen Salomo. Von der Unsicherheit über die Auferstehung abgesehen, ist sein zitiertes Wort exakt die Sicht der modernen Verhaltensforschung über die Einheit der Natur, über die Verwandtschaft des Fleisches zwischen Mensch und Tier. Ein entscheidender Gesichtspunkt, wenn wir die materielle Basis dessen richtig betrachten wollen, auf der das spezifisch Menschliche, also der geistige Bereich, aufbaut und von der es zu Teilen auch abhängig ist.

Eine Bevölkerungsexplosion im See
Das Wunder vom großen Fischzug

Im Neuen Testament treten die Tierwunder hinter den Wundern ersten Grades zurück, hinter der Wiedererweckung von den Toten, dem Sehendmachen der Blinden, der Heilung der Aussätzigen, Lahmen, Taubstummen, Gichtbrüchigen, Fall- und Mondsüchtigen, der Speisung der Viertausend und der Fünftausend und der Befriedung des Sturmes. Nur ein Ereignis geht auf ein Naturwunder zurück: der große Fischzug des Simon Petrus.

Am Ufer des Sees Genezareth hatte Christus vom Fischerboot des Simon Petrus aus zum Volk gesprochen. Danach forderte er ihn auf, seine Netze auszuwerfen. Doch Simon antwortete: »Meister, wir haben die ganze Nacht gearbeitet und nichts gefangen; aber auf dein Wort will ich das Netz auswerfen. Und da sie das taten, fingen sie eine große Menge Fische, und ihre Netze begannen zu reißen. Und sie winkten ihren Gesellen, die im anderen Schiff waren, daß sie kämen und hülfen ihnen ziehen. Und sie kamen und füllten beide Schiffe voll, also daß sie sanken.«

Dies Phänomen wiederholt sich in ähnlicher Weise am See Tiberias, wo sich der Auferstandene mit diesem Wunder seinen Jüngern das dritte Mal offenbart.

158

Heute bestehen keine Zweifel mehr, daß auch diesem Ereignis eine materielle Basis zugrunde liegt, die die Größe des Wunders nicht im mindesten schmälert. Im Gegenteil, sie verbindet harmonisch die Großartigkeit des Geistes Gottes mit der Erhabenheit seiner Schöpfung.

Bei den Fischen, von denen noch nachts zuvor nicht ein einziger zu fangen war, die aber am Morgen darauf die Netze reißen und die überfüllten Boote sinken ließen, kann es sich nur um den Buntbarsch *Tilapia galilaea* gehandelt haben.

Dieser und nahe verwandte Arten werden gegenwärtig in Israel und vielen afrikanischen Staaten planmäßig gezüchtet, um den Eiweißbedarf hungernder Menschenmassen zu decken. So wissen wir heute recht viel über dieses Wundertier und sein ungeheures Vermehrungspotential.

1962 setzte der amerikanische Fischereibiologe Professor Charles F. Hickling je sieben Galiläa-Buntbarsch-Weibchen und -Männchen in einen kleinen, von diesen Fischen bis dahin noch nicht besiedelten Teich. Bereits nach zweieinhalb Monaten hatten sie sich auf 14 000 Exemplare vermehrt. Danach entglitt die Bevölkerungsexplosion jeglicher Kontrolle.

In größeren Seen zeigte sich, daß die bis zu zwanzig Zentimeter langen Fische stets in dichten Schwärmen leben.

Nachts wühlen sie im Schlick des Seebodens und weiden kleine Grünalgen und Zooplankton. Gegen Morgen kommen sie hoch, um im Schilfgürtel oder zwischen anderen Wasserpflanzen Schutz vor Feinden zu suchen.

Aber mitunter ist dieser Unterschlupf für den Riesenschwarm viel zu klein. Dann entsteht vor dem Schilf ein unbeschreiblicher Stau. Einmal beobachtete Professor Canon Tristam am Ufer des Sees Genezareth einen Schwarm, der eine Fläche von 4000 Quadratmetern bedeckte und in dem sich die Tiere so dicht zusammengedrängt hatten wie in einer Sardinendose. Sie konnten sich kaum noch bewegen, und die Rückenflossen der Fische in der oberen Schicht schauten über die Wasseroberfläche hinaus.

Nachts ist also noch nichts von den ungeheuren Massen zu entdecken. Am Morgen darauf aber sind sie plötzlich da. Und wer hier die Netze auswirft, dem reißen sie, und die überfüllten Boote sinken — just, wie die Bibel es schildert.

Doch noch etwas anderes mutet seltsam an: Im Evangelium des Lukas endet die Darstellung so: »Und sie führten die Schiffe zu Lande und verließen alles und folgten ihm nach.« Kein Wort davon, daß nun ein großes Mahl begonnen hätte, etwa wie bei der Speisung der Viertausend. Im Gegenteil: Sie »verließen alles«. Auch hierfür gibt es heute eine höchst überraschende Erklärung, und zwar durch die Bevölkerungsdynamik der *Tilapia*-Buntbarsche.

Ihre so ungeheure Massenvermehrung hat eine Reihe von Ursachen: Ein Weibchen laicht stets 1500 bis 3000 Eier ab. Aber während andere Fische ihre Eier frei und unbewacht im Wasser umherschweben lassen oder sie allenfalls an Wasserpflanzen anheften oder im Sand verscharren, nehmen Mutter und Vater *Tilapia* ihre Eier ins Maul und brüten sie dort aus. Sie sind sogenannte Maulbrüter.

Auch die ausgeschlüpften Jungen finden noch 22 bis 30 Tage lang im Elternrachen Schlafquartier und sicheren Hort beim Nahen eines Feindes. Da sie in warmen Gewässern sehr schnell wachsen, hängt der Kehlsack des Elterntieres bald weit nach unten durch, und im Inneren herrscht ein Gedränge wie in der Sardinendose.

Damit die Mutter auch einmal zum Fressen schwimmen kann, kommt der Vater zur Ablösung herbei. Dann stellt er sich vor sie, reißt sein Maul weit auf und läßt sich von ihr den gesamten Kindersegen in den Rachen spucken. Die Eltern können ihre »Lämmlein« auch regelrecht zur »Weide« führen. Der vollbesetzte »Omnibus« stoppt bei einer Wasserpflanze. Alle Kinder steigen aus. Dann zerschnitzeln die Eltern einige Blätter in Mikroportionen und zerstäuben die Nahrung in die »Wolke« ihrer Kinder hinein. So werden diese gefüttert.

Die intensive Brutfürsorge ist die Ursache für eine minimale Todesrate unter den Jungtieren, während die Angehörigen anderer Fischarten mit der Millionenzahl ihrer Eier und eben geschlüpften winzigen Jungen im wesentlichen nur Futter für andere Tiere produzieren.

Weitere Ursachen der Bevölkerungsexplosion sind folgende: Jedes Weibchen bringt eine derart vielköpfige Kinderschar sechs- bis elfmal pro Jahr zur Welt. Ist der eine Jahrgang, nein: Monatsgang, selbständig, werden schon wieder die Eier für den nächsten gelegt. Die Jungtiere beginnen bereits im Alter von zwei bis drei Monaten, wenn sie erst 28 Gramm wiegen und kaum fingerlang sind, schon selbst wieder Junge zu zeugen. Zudem sind sie alle äußerst widerstandsfähig gegen Krankheiten. Und je dichter das Gedränge wird, desto besser ist das Wohlbefinden aller — ganz ähnlich wie bei den Wüstenheuschrecken, Moskitos und Lemmingen, abgesehen lediglich vom Wachstum.

Mit anderen Worten: Bei Übervölkerung bleiben alle Galiläa-Buntbarsche Zwerge. Es tritt nicht einmal der Fall ein, daß die körperlich großen Elterntiere den viel kleineren Kindern alles vor der Nase wegfräßen. Da die Nahrung hauptsächlich aus mikroskopisch kleinen Algen und Plankton-Krebschen besteht, haben große Fische gegenüber den kleinen keinerlei Wettbewerbsvorteile bei der Nahrungsaufnahme. Im Gegenteil: Herrscht Futtermangel, haben es die Kleinen besser, da sie nicht so viel fressen müssen wie die Großen. Ihr Wachstum verlangsamt sich fast bis zum Stillstand.

Das heißt: In solch einem See leben schließlich nur noch Winzlinge in ungeheuren Mengen, die als Nahrung für den Menschen aber unbrauchbar sind, es sei denn, man ißt sie in Öl gebraten mitsamt Kopf, Schwanz, Schuppen und allen Gräten. Das ist übrigens das große Problem, das die israelischen und afrikanischen Fischzuchtanstalten gegenwärtig zu überwinden haben. So willkommen ihnen der ungeheure Vermehrungsmechanismus dieser Tiere ist, so gefürchtet ist die Tendenz zur Zwergwüchsigkeit.

Die Züchter lösen das Problem durch sogenannte Monosex-Kulturen. Männchen und Weibchen werden in getrennten Fischteichen aufgezogen. Die Menge des Nachwuchses kann somit in speziellen Zuchtbecken genau kontrolliert werden. Eine Übervölkerung findet dadurch nicht statt. Und die Fische wachsen zu großen Prachtexemplaren heran.

Im Falle des biblischen Wunders jedoch haben wir das klassische Beispiel einer urplötzlich alle Dimensionen sprengenden Übervölkerung mit Winzlingen vor uns. Simon Petrus und seine Gesellen verließen aus diesem Grund alles, ohne an ein großes Festgelage zu denken. Der materielle Nutzen war für sie mit einem Schlage ohne jeglichen Wert. Sie nahmen es hin als großes Wunder, in dem sich ihnen der Herr offenbarte. Und das war es ja auch ohne den geringsten Zweifel.

Anmerkungen zum Text

Die Zahl in der linken Spalte gibt die Seitenzahl
an, auf die sich die Anmerkung bezieht.

14 2. Mose 7,20
16 Einige Historiker vertreten die
   Meinung, Auaris und Tanis
   wären ortsidentisch. Für
   unsere Betrachtungen ist das
   ohne Belang.
18 2. Mose 3,1
20 5. Mose 6,22
21 2. Mose 7,18
22 Siehe Nancy W. Withers,
   »Ciguatera Fish Poisoning«,
   Ann. Rev. Med. 1982, Nr. 33,
   S. 97–111
23 2. Mose 7,19
24 2. Mose 7,27; 7,28
27 2. Mose 8,9; 8,10
28 2. Mose 8,13
34 2. Mose 8,14; 8,15
37 2. Mose 8,20
   2. Mose 8,18
38 2. Mose 8,27
41 2. Mose 9,4
42 2. Mose 9,11; 9,10
43 2. Mose 9,23–25
46 2. Mose 10,13; 10,14
48 Offenbarung 9,1–9
   2. Mose 10,15
53 2. Mose 10,19
54 2. Mose 10,22
55 Stanley, Daniel, and Harrison
   Sheng, »Dust from Santorini
   and Darkness over Egypt«,
   Natur, Vol. 320 (1986), S. 733
60 2. Mose 12,37; 14,21–23
61 2. Mose 14,27; 14,28; 14,30
63 2. Mose 16,13
65 4. Mose 11,31; 11,33; 11,34
66 Psalm 78, 27–31
68 Grivetti, Louis E., »Cotur-
   nism, Poisoning by European
   Migratory Quail«. Adverse
   Effects of Foods, Ed.E.F.
   Patrice Jelliffe and Derrick B.
   Jelliffe. Planum Publishing
   Corp. 1982
69 4. Mose 11,31
70 2. Mose 16,12; 16,13; 16,15;
   16,31
75 4. Mose 11,6
80 2. Mose 19,3; 19,4
83 5. Mose 32,11
84 2. Mose 23,27; 23,28
87 5. Mose 32,13
92 1. Mose 8,6; 8,7; 8,19; 8,11
93 Rosnay, Arnaud de, »Tauben
   im Seenotdienst«, Das Tier,
   1982, Nr. 12, S. 40 f.
94 Delius, Juan D., »Komplexe
   Wahrnehmungsleistungen bei
   Tauben«, Spektrum der Wis-

senschaft, 1986, Heft 4,
S. 46–58
97 1. Mose 8,11
98 Matthäus 3,16
99 Psalm 74,19
100 Matthäus 10,16
101 1. Mose 3,1; 3,5; 3,14; 3,15
102 4. Mose 21,6; 21,8
103 2. Mose 7,10–12
Bücherl, Wolfgang, »Das Haus
der Gifte«, Stuttgart 1963
106 Offenbarung 20,2
Matthäus 23,33
109 Quelle siehe S. 103
110 1. Könige 12,11
111 Offenbarung 9,1–3
113 Offenbarung 9,5; 9,6
114 Lukas 10,19
115 Jona 1,3; 1,4; 1,12
116 Jona 2,1; 2,11
120 Jona 2,1
122 Daniel 6,4

123 Daniel 6,17; 6,23–25
128 Jeremias 25,38
130 Jesaja 11,6–8
138 Klingel, Hans, Tierpsycholo-
gie, 1967, Heft 5, S. 580–624
141 1. Mose 1,1; 1,2
142 1. Mose 1,3–10
143 1. Mose 1,11–16
144 2. Petrusbrief 3,8
1. Mose 1,20; 1,21
149 1. Mose 1,28
1. Mose 9,2–3
150 Hiob 12,7–10
1. Mose 1,26
152 1. Könige 5,13
Sprüche 6,6–8
154 Sprüche 6,10–11
Matthäus 6,26
155 Prediger 3,18–21
158 Lukas 5,5–7
Johannes 21,3–14
160 Lukas 5,11

Personen- und Stichwortverzeichnis

167

168

169

170

Dem Reporter Rolf Nobel, der sich als erklärter Atheist nach 1½ Jahren Probezeit als Jehova-Zeuge taufen ließ, um die Zielsetzungen und Praktiken dieser straff organisierten Sekte als »Insider« kennenzulernen, geht es nicht um religionstheoretische Auseinandersetzungen; vielmehr will er Aufschluß geben über die Methoden der »Überzeugungs-arbeit«, die denen der Jugendreligionen sehr ähnlich ist, über ihre finanzielle Organisation und über die Lebensweise der von ihrem Sendungsbewußtsein überzeugten Menschen.
Neue Bücher Bern

237 Seiten, illustriert, gebunden

RASCH UND RÖHRING
VERLAG

Die beiden Autoren verkörpern auf hervorragende Weise den für eine demokratische Industriegesellschaft so wichtigen Wissenschaftsjournalismus: ... Mit ihrem glänzend und sehr verständlich geschriebenen Buch betreiben sie »Volks-pädagogik« im besten Sinne des Wortes; sie fördern, indem sie die Geschichte wissenschaftlicher Irrtümer aufzeigen, die kritische Urteilsfähigkeit des einzelnen, der immer wieder in Gefahr ist, zu sehr den »Autoritäten« und zu wenig seinem eigenen Verstand zu trauen.
Frankfurter Rundschau

320 Seiten, gebunden mit Schutzumschlag

RASCH UND RÖHRING
VERLAG

Carl-Albrecht v. Treuenfels
Für unsere Natur

Der WWF-Ratgeber
Rasch und Röhring

Der großformatige, reichbebilderte Ratgeber macht mit
vielen Pflanzen und Tieren sowie ihren Lebensbedingungen
vertraut. Stets hat der Autor und Fotograf den großen
Zusammenhang im Auge: das ökologische Gleichgewicht,
das zu erhalten für alle Lebewesen – und für den Menschen
insbesondere – lebensnotwendig ist. ... Das Buch macht
Lust und Mut mitzumachen – und sei es vor der Haustür,
im eigenen Garten.
Frankfurter Allgemeine Zeitung

224 Seiten, Großformat, vierfarbig illustriert

RASCH UND RÖHRING
VERLAG